BE YOUR
CUSTOMER'S
HERO

Real-World Tips & Techniques
for the Service Front Lines

魔力服务

[美] 亚当·托波雷克◎著
（Adam Toporek）

刘蕾◎译

创造非凡顾客体验的
82个技巧

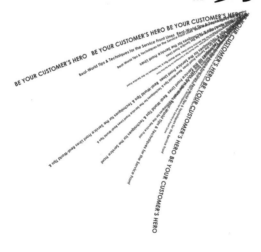

中国人民大学出版社
·北 京·

　　我写这本书是出于这样一个原因：多年以来我经营自己的几家店铺，提供零售服务，在此过程中，我一直希望自己能拥有这样一本书。对于我的那些工作在一线的员工，我想借此书为他们展示成为一名合格的顾客服务人员所应该了解的知识，还有成为一名优秀的顾客服务人员所应该知道的一切。我希望本书简单易懂，真实地讲述顾客服务人员面临的挑战；我也希望本书帮助顾客服务人员调整好自己的心态，并更好地理解顾客的心理；我还希望本书既是指导手册，也是参考书。简而言之，我希望本书能帮助一线顾客服务人员做好准备，去面对他们在实际工作中面临的各种困难与不清晰的状况。《魔力服务》就是这样一本书。

　　本书讲述的都是顾客服务人员每天在工作中面对的现实情况：在顾客服务这个领域，即使是最佳顾客，有时也会表现得莫测难懂、不可理喻，他们动不动就会感到失望，尽管你提供的服务无可挑剔，却仍不能满足他们一会儿一变的期望值。你按照店规行事，让顾客在表格上签字，但总有某些没有打过交道的部门给你制造麻烦。你要么受制于有限的资源，要么因为不能达成顾客的要求而面临艰难的决定，真是进退两难。说真的，有时候你觉得顾客特别自私、盛气凌人，甚至不可理喻。

本书给你的技巧虽不能被称为魔法，但是它们却有神奇功效。书中的经验源自我个人为顾客服务以及与面向顾客的团队共同工作的经历，是极其有用的经验，可供大家学习。这本书无关学术；本书的初衷是为顾客服务人员提出可行的方法和技巧，可以马上使用。请各取所需，摒弃不需要的内容。不论你拥有哪一种级别的服务经验，你都能在书里找到一些诀窍和方法，它们能深刻影响你服务顾客的方式，并能使你的工作变得更轻松。

本书不仅提供技巧，而且激励人心。本书涵盖了从头到尾的一整套一线顾客服务内容，从怎样微笑等基本知识到使用成交策略等高级技巧。如果你接受过顾客服务方面的培训，以前很可能学过其中的一些内容。但是在顾客服务这个领域，大家都懂此中道理，但这不代表大家就能这样做，两者之间还是有差别的。再优秀的人也有可能养成坏习惯，这时候就尤其有必要再次重温一遍基本原则。

这本书分为十章，并且每一节都不长。每一章集中探讨一个话题，帮助你成为一名更优秀的面向顾客的专业人员。第 1 章到第 3

章介绍顾客服务心理。这三章帮你了解顾客心态，还有你的个人心态。第 4 章到第 6 章介绍成为优秀的一线客服人员必须掌握的技巧。这三章主要讲良好的团队合作、客服基本知识，还有沟通技巧。第 7 章和第 8 章介绍应对困难情况和与不可理喻的顾客打交道的技巧。这两章探索那些你可以使用的具体方法，使你即使在面临无比艰难的情形时，也能获得最终的胜利。第 9 章介绍电子类顾客服务。第 10 章将介绍把前面所学综合使用的方法。

本书由短小的节构成，这很有必要。要涵盖这么广泛的内容，唯一的方法就是快速有效地突破每一个主题。那些本来可以用整整一章介绍的主题，仅用了几页篇幅介绍。那些本来可以在多个不同地方讨论的主题，仅在一处涉及。为了使所有细节有一个整体呈现，并帮助你找到所需信息，你将在书中的很多章节中找到引向其他章节的参考索引。

* * *

那么"提供超出顾客预期的服务"这一说法是什么意思呢？

首先，请忽略你读到过的所有关于过度服务的内容，这些东西在网上已经像病毒一样泛滥。请忽略有些航空公司的做法，它们用一整架飞机就为了装载乘客的假日礼物；还有那些银行自助提款机公司，它们为顾客提供昂贵的定制礼物。这些举措只是宣传奇招，而不是顾客服务，虽然我也很乐意有公司为顾客做这些夸张的事，但是这些无关乎真实的日常服务。

"魔力服务"意味着有一件事压倒一切：当顾客需要你的服务的时候，你总不离左右，而且你与顾客的个人沟通要尽可能积极、令人印象深刻。在我的顾客体验工作室和咨询公司内，即 CTS 服务解决方案公司（CTS Service Solutions），以及在公司的博客上，我们经常谈论到"英雄级别"的顾客服务。为了延续这个话题，你将在书中看到诸如"英雄级别的销售代表"和"英雄级别的顾客体验"等说法。要做到"英雄级别"，或者说要成为顾客的英雄，其实非常简单，就是每一次都完完全全地、不遗余力地关注你的顾客并努力达到甚至超出他的服务期望值。

谈论如何成为顾客的英雄，也许这种话题听起来有些古怪，或许与我承诺和你探讨的真实世界略显脱节。但是我衷心相信：在一个面对顾客的岗位上工作，困难重重。尽管如此，你工作的质量不仅取决于你自己，也受环境的影响。对于为顾客提供服务的一线人员，我表示深深的敬意。很多年以前，我自己也曾从事一线工作，我做过电话销售工作，在乐器零售店站过柜台，也在大型书店里做过销售。在许多行业里，一线服务人员既是工作最辛苦的一群人，也是最不受重视的一群人，有时候为顾客服务成了一件费力不讨好的事情。因为我觉得不必如此，所以就写下了这本书。如果你能使用工具和方法，创造出更好的体验，并更快地解决问题，就会发现一线服务也可以十分令人愉快，甚至挺有意思。当然，总有倒霉的日子，也有糟糕的顾客，但是当你采取某种"英雄级别"的客服方法的时候，你在一线服务的时候会感觉愉快得多。

谨在此希望本书能带给你所需的启发、信心和方法，使你成为顾客的英雄。

Be Your
Customer's
Hero

前言

　　我写《魔力服务》的一个主要目标就是使它尽量浅显易懂，因此书中使用直白的语言以及一种谈话的口吻，并尽量少使用商业行话，只有在必要时候才使用一些顾客体验行业的语言。正如你在第50节读到的，行业术语是横在顾客和你之间的一道墙，我不希望行业术语成为横在读者和本书之间的一道墙。我不仅会尽量避免使用像"跨功能的协同效应"和"全渠道看齐"等管理词汇，而且我会尽量不使用一线人员使用的俚语，比如"手忙脚乱"和"乱插队"什么的。当然，我不可能避免所有的行业术语，也不应该这样做。以下是一些书中用到的基本术语，它们有助于我们之间的有效交流，确保我们保持共识。

　　●"服务代表""面向顾客的专业人员""一线员工""团队人员""同事""顾客服务代表""销售代表"以及其他类似说法。这些用词都代表在第一线工作的人。我在全书中会交替使用这些词。

● "柜台" "出纳台" 和 "登记处"。这些用词都指你给顾客打电话的地方。

● "服务场地"。这是 "销售场地" 的另一种说法，意思是你和顾客交流的区域。那些写销售方面的书的专家尽可以称其为 "销售场地"，我们的说法是 "服务场地"。

● "接触点"。"接触点" 是任何顾客与你所在的机构产生接触的地方或途径。它可能是店内、电话留言或者电子邮件。总之，不管顾客从哪个途径 "接触" 到你的机构，那就是一个 "接触点"。

● "压力点"。我用这个词来表示对顾客体验产生重要影响，因而显得重要的 "接触点"。

● "顾客体验"。顾客体验不同于顾客服务，因为顾客体验必然需要顾客与公司之间交流的整体性。电视商业广告把顾客吸引到店，停车场干干净净，邮件被发送给曾经购物的顾客——这些都是顾客体验的一部分。对于怎样区别顾客服务和顾客体验，并没有统一认识，但是最好这样看待两者：顾客体验代表的是顾客的整个购物过程，而顾客服务是购物过程中某一点发生的事情。

● "公司" 和 "机构"。尽管书中提到的服务准则可以应用于比如非营利机构等所有类型的组织，但是我主要用的词是"公司"。

最后要提到的是：书中用到的很多词在不同的公司和行业可能有不同的意思，有时候某个明确的名称有可能不存在。请不要过多纠缠于某个词的字面意思，我们已经有够多的共通词汇，使我们能够沟通。有了这些词汇，让我们赶快进入本书的第 1 章吧！

Be Your
Customer's
Hero

目录

Be Your Customer's Hero

———————

第 1 章

全心全意提供优质服务

1. 顾客永远是_____

　　让我们先做一个简单测试。请在上面标题中填空。如果你曾在顾客服务行业工作，一个词会一下子从你头脑中冒出来，你有这个答案几乎是肯定的。从我们初次接触顾客服务这一行，这个说法就已经深深铭刻在每一个客服人员的心中，他们对此深信不疑。

　　我们还是现实点儿吧——没有人特别喜欢这个说法。

　　在最近的一次会议上，我主动和一个一线服务代表聊天。当我提到我正在写一本关于顾客服务的书的时候，他说的第一句话就是："你觉得'顾客永远是对的。'这个说法怎么样？"

　　我回答道："我觉得很可笑。"

　　他笑了，然后在我的背上善意地拍了一下，说："我同意，伙计。你应该见识一下和我打交道的一些顾客。"

　　"顾客永远是对的。"恐怕是客服世界里被重复次数最多，也是最令人厌烦的一句话了吧。从字面上看，这个说法很可笑。顾客并非总是对的；事实上，有的时候他们大错特错，你都不明白他们在说什么。

然而，只关注字面意思就掩盖了这种想法的本来意图：把顾客放在几乎超越其他一切的首要位置上。这个说法由来已久，目的在于转变服务代表的心态，使他们把从顾客身上赚钱的想法变成照顾顾客需求的想法；使他们不再对顾客耍态度，而是对顾客表示尊重。这种说法蕴藏着一个顾客服务的根本真理，如果想要在面向顾客的工作中取得成功，必须接受这个真理：

你和顾客的地位不对等。

商业的存在是为了服务顾客，作为面向顾客的专业人员，你处在这项服务的第一线。你所在的公司非常重视顾客，公司需要有人每天向顾客展现这种重视，而你就是这个人。你的举止、你说的话和你做的事都显示出你和顾客之间的区别。也就是说，你的存在是为了为他提供服务、理解他的需求，而他没有义务给你同样的待遇。

例如，为了提供有效的顾客服务，你需要知道：你不知道顾客正在经历什么样的生活。虽然大多数顾客在与你进行交易的时候不会提到他们的个人问题，但是他们希望自己不用明说你就能明白：她的狗刚刚死去；或者她刚被确诊患上了某种疾病；又或者她刚刚收到房东的收房通知。你的顾客需要你的同情，而且你给予她同情的时候必须明白一点：你不太可能得到同样的回报。

当然，我们都希望顾客能体谅我们：两个员工得了流感，一个员工去生孩子了，还有一个没打招呼就辞职了，而且这一切都发生在周一，所以订单才没有按时发出去。或者我们希望顾客能理解：我们是小本生意，每月花十美元通过一个打折网站的主机维持经营，所以当主机瘫痪的时候，我们发给他们的大部分邮件都落入了网络黑洞，下落不明。或者我们希望顾客能明白：我们所属的跨国公司有一套很棒的电脑系统工具，每天可以成功处理一百万笔交易，只不过我们当地的办公系统不能把这套工具本土化使用。当然，我们多么希望顾客能理解：总是有这样那样的事情发生。但是客服与顾客之间的关系不是这样容易处理的。

培养客服的良好心态，首要步骤就是接受以下观点：我们与顾客的关系不是平等的，我们存在，是为了给顾客提供服务，而不是反过来让顾客为我们服务。作为面向顾客的专业人员，克服我们期望平等相处的自然意愿，打消希望顾客与我们礼尚往来的念头，这才是我们的责任。

好吧，并不是说这种关系永远都是单方面的。顾客也有他们的责任。并不是说一旦成为顾客，他们就可以抛弃基本礼仪。真正的含义在于，这种关系是不平等的，我们的存在是为了给顾客提供服务，而这种关系要求我们承担起必要的责任。

你看，我不认为顾客永远是对的，但是我确实认为顾客在我心里永远处于优先位置。如果你从最开始心里就抱定这种想法，那么你就走上了提供"英雄级别"的顾客服务的正确道路。

2. "赢"并非顾客服务的目标所在

一个五口之家想尽快从英格兰返回西班牙的家中,这时候,争议产生了。他们忘了提前打印登机牌,当他们到达机场,想登上回家的航班的时候,爱尔兰的瑞安航空公司收了他们300欧元(约380美元)才让他们登机。瑞安航空公司很不走运,那家人的母亲把他们的经历发布到了脸书上,然后整件事迅速发酵,这条信息获得了近50万个赞。

瑞安航空公司的首席执行官迈克尔·奥里瑞觉得有必要对此事做出回应。他说:"我们认为麦克劳德太太如此愚蠢,甚至应该为此而再多付60欧元。"他又说:"她上周给我写信要求赔偿,还表现出一副善意姿态。我们的回答虽然礼貌,但是也很坚决,谢谢你麦克劳德太太,但这事儿要怪就只能怪你自己搞砸了。"[1]

迈克尔·奥里瑞继续逞口舌之快,把这位女士以及其他所有没有提前打印登机牌的人统称为"笨蛋"。后来,他稍微收敛了口风,对《爱尔兰独立报》解释说:"我之前不是说她蠢,而是说那些以为我们会改变政策或收费标准的乘客真蠢。"[2]

很遗憾的是，迈克尔·奥里瑞的评论强化了人们认为商家和顾客处于对立面的固有看法，也强化了另一种看法，那就是公司，尤其是大型公司会为了多创造出一分钱的利润，不惜践踏顾客。但是这样的固有认知并不适用于大多数商家。

我一生从事过很多种商业工作，也研究过大大小小的公司，我可以告诉你，"榨干顾客"并不是大多数商业组织的驱动力。是不是大部分公司都在寻求更赚钱的经营方式？当然了。是不是大多数公司都在寻求使每一单生意利益最大化的方式？绝对是。但是这些盈利目标不一定就等于给顾客带来负面结果。你可以通过追求高效率得到高利润。你可以通过卖给顾客其他产品或服务，为他们的生活增值，从而使交易的利益最大化。商业可以给顾客提供价值，并以收到价值作为回报，但是这一切不需要通过压榨顾客的方式来实现。

当然，有这样的一些公司，在它们看来，顾客只是符号和对象，他们的目标就是尽可能去获取而尽量少地给予。这些公司把商业看作博弈游戏。在每次的交易中，有人赢就有人输。如果你观察那些令人信服的大公司，你会发现没有一家公司这样对待它们的顾客。顾客服务的领军公司，比如诺德斯特龙百货公司或亚马逊公司，对顾客都持有一种"关系式观点"，而不是"交易式观点"。（在顾客体验领域，这些用词稍有不同，往往是因时而不同，并非因观点而不同。)

对顾客的"交易式观点"给商业带来很严重的坏名声，并滋生"频繁买进卖出式"的做法。这种经商方式中，商家力求从每一笔销售中得到最多的利润，而不考虑对顾客造成的影响。它们赚了顾客的钱，然后它们做的事实质上就等于说"有请下一个受害者"，就像我上小学的学校的食堂师傅常常说的话（如果你吃过他做的饭，你就会明白为什么）。这些公司才不管以后是否会再见到这些顾客，至少它们对此毫不在乎，甚至到了放弃交易的未来潜在利润的地步。

在"关系式观点"的经商方式中，商家仍然会尽力得到每笔交易的最大利润，但是它们这样做的同时还遵守一个原则，那就是与顾客的关系才是它们的优先考虑项。而且商家也经常会为了长期利润而放弃短期利润。

值得注意的很重要的一点是：用"关系式"方法来经商，并不意味着你要去做顾客要求的一切事情。每家公司都有自己的局限性，在每一种情况下都有需要把握的尺度。例如，多数公司都不会特别喜欢每年8月的"阵亡将士纪念日特卖"的定价水平。

两种经商方式的区别很简单："交易式"的公司总关注能从顾客处攫取最多利润的地方；而"关系式"的公司则着眼于保持好与顾客的关系并且找到一个良好的平衡点。

本书写给那些相信与顾客的"关系式"相处之道的人。如果你关注的是一种"交易式"观点，那么我可帮不了你。你需要去找其他书。

在你阅读后面的章节时，请记住：你的目标不是去赢，不是去战胜你的顾客。你的目标是与顾客形成一种健康的、可带来盈利的、长期的关系，从而为双方带来价值。

在顾客服务中，唯一有效的赢的方式就是双赢。

参考文献

[1] Oliver Smith, "Ryanair Boss Slams 'Idiot' Who Forgot Boarding Pass," *Telegraph*, September 5, 2012, http://www.telegraph.co.uk/travel/travelnews/9522191/Ryanair-boss-slams-idiot-who-forgot-boarding-pass.html. Accessed September 23, 2014.

[2] Charlie Weston, "O'Leary Denies Calling Woman 'Stupid' in Boarding-Pass Row," *Irish Independent*, September 6, 2012, http://www.independent. ie/irish-news/oleary-denies-calling-woman-stupid-in-boardingpass-row-26895014.html. Accessed September 23, 2014.

3. 你了解自己的心理规则吗

不论你喜欢与否，关于别人应该如何行事，我们每个人都有自己的规则。这些规则最初是信念，是有意识或无意识的对于别人该如何行事的看法。随着时间的推移，这些信念就不再仅仅是我们的想法，这些信念变成我们评价其他人的主要框架。在别人看来，这些只是我们的观点，但是对我们自己来说，这些是不可更改的规则。

个人提升理论传奇人物托尼·罗宾斯在他的《唤醒内心的巨人》（*Awaken the Giant Within*）一书中，用整整一章介绍了这些规则的概念。正如罗宾斯所说，"决定我们的情感和行为的是我们关于是非的信念，是关于应做之事和需做之事的信念。这些精确的标准和尺度就是我所说的规则。规则能够在任何时刻引发你神经系统里的痛苦或快乐。"[1]

当你因为某人的某种行为方式而不高兴的时候，肯定是因为那个人破坏了你关于应该如何行事的规则。大多数人都有很多的规则，我们的个人规则会成为我们内心冲突和痛苦的最主要的来源。在生活中和在经商（包括顾客服务）中，想要更加快乐，就得尽你所能，抛弃很多随意订下的规则。这是我所知道的最好的方式之一。

那么，你听说的一线服务人员的规则有哪些呢？

● 我讨厌顾客打着手机在店里逛来逛去。

● 每次詹尼在关店前去帮助顾客，我都很生气，我一个人根本倒不了垃圾桶。

● 明明看到有好多人等着我服务，这个顾客还要问上 50 个问题，我真受不了。

以上的共同主题是什么呢？它们都是不同版本的"当____状况发生的时候，我就不高兴"。

我认识一个人，他的规则比我的规则要强硬得多。商场营业员、乘坐交通工具的人、家庭成员——这些人都会破坏他的某些规则。我敢说我有更多来自职业方面的压力，我的工作时间也比他长，但是所有证据都表明，似乎我在日常生活中比他快乐得多。为什么？因为我不会花那么多时间，为别人做什么或不做什么生一肚子气。

这并不意味着你的所有规则都是不好的。如果顾客从一个货架上拿了商品，不想要了就随手扔到地上，我认为大多数服务人员都会生气。有一些规则是可以理解的，但是很多人秉承的规则不但不能提高生活质量，反而会降低生活水平。正像托尼·罗宾斯所问的问题："你的规则是赋予你力量，还是夺走你的力量？"[2]

审视自己的规则。在一天中，在一周里，有多少次你生气仅仅是因为服务区里的顾客或同事做了什么或没做什么？请诚实作答。然后问自己一个简单的问题："对我的人生影响更大的，是别人做了什么？还是我对此的反应？"

如果你有许多规则，我敢保证，你对事情的反应对你造成的影响要大于这件事本身。

下次你对顾客或同事生气的时候，扪心自问你到底为了什么不高兴。你可能发现有那么一两条规则需要被踢到一边去。因为在顾客服务和现实生活中，关于别人该做什么或不该做什么，你的规则越少，你就越快乐。

参考文献

[1] Anthony Robbins, *Awaken the Giant Within* (New York: Simon & Schuster, 1991), 373.

[2] Ibid., 377.

4. 以工作为傲，然后收起你的傲气

在顾客服务中，骄傲可以变成一把双刃剑。你对所在公司深感骄傲，促使你和团队成员分外勤奋地工作。你对所在公司的使命深感骄傲，促使你希望使更多的人得到服务体验。你对自己的工作深感骄傲，促使你总想提高工作质量。但是，在面对顾客的环境中，另一种骄傲，那种"谁也不许看不起我式"的骄傲却颇有危害。

这种骄傲是你和顾客之间的阻碍。它会使你产生不利于顾客的反应，骄傲使感受变成有关你自己的感受，而不是有关顾客的感受。当你对顾客产生的个人反应超过你的职业反应时，骄傲胜出，而你和你所在的机构则会一败涂地。

尽管我们费尽力气，试图营造良好的顾客体验，我们的机构有时候还是不能让顾客满意。发生这种情况，有时候是因为我们没有履约发货，有时候是由于不可控的情况，有时候是尽管我们什么都做到了，但顾客就是对我们的表现不满意。我们用尽全力营造"英雄级别"的顾客体验，但总有一些时候要去面对不满的顾客。正是在这些情况下，骄傲往往会变成一种有危害的情绪。

在我多年给客服员工及管理人员做培训和咨询的过程中，我所见过的对提供优质顾客体验造成障碍的最大问题之一就是专业人员的骄傲。从心理学角度说，对愤怒顾客的那些常见行为，多数人会将其理解为不尊重或粗鲁（在第 2 章我们将讨论顾客眼中的尊重）。他们提高音量，评价苛刻，还满怀怒火地警告你。这些令人不悦的交流都是为顾客提供服务过程中的一部分，也是一种负担，这些交流过程同样也能激起不良的潜意识反应。

生气的顾客有时会触动你的愤怒按钮（如果你不同意这种说法，那是因为你从来没有在一线工作过）。作为一位面向顾客的专业人士，你的工作就是在这个时候控制住局面，作为一个人去给予回应。你的职责是让另一个人高兴，而不是通过所谓的"赢得"争论而提升个人自尊。如果你想为顾客创造"英雄级别"的体验，永远要记住一点：除非你是公司的法律顾问，否则，听顾客废话就是你的工作内容。

挑战也在于此。我们有这些个人反应很自然。然而，把人和动物区分开来的，正是用有意识的决策取代本能反应的能力。作为一个物种，我们能克服我们的自然反应，在一个更大的行为框架内做事。作为个体，有的人比其他人更擅长这一点。

有些人不能"对事不对人"地去看待冲突行为，这是我对"任何人都能受训成为优秀的客服人员"的论断持有异议的原因之一。所有具备能力成为优秀雇员的人，也有能力提供很棒的顾客体验，虽然我确实相信这一点，但是提到回应类的服务，特别是问题解决方面的服务，并不是任何人接受了训练就能做到。

有些人就是不具备从容应对批评和辱骂的能力。他们不能让自己置身事外，总是认为顾客说的话是针对自己的。他们毫不让步，想证明自己是对的，这比赢得顾客还重要。

顾客服务中骄傲的作用不怎么被提及，那是因为这个问题很难解决。这需要帮助面向顾客的从业人员克服对某些压力因素的既定心理反应，也需要帮助他们在经历不悦的过程中保持职业素养和镇定仪态。直到你学会收起自己的骄傲，直到你认识到：大部分时候，顾客不是对你个人发脾气，只不过站在他面前的人恰巧是你，这时候，你才能够提供"英雄级别"的顾客服务。

我们将在第 7 章和第 8 章探讨应对困难情况和愤怒顾客的具体技巧。现在，想一想自己应对这些局面的方法，想一想你如何能够以自己为傲、以自己做的事为傲，却又不至于骄傲到把顾客撒的气当作对你个人的蔑视。

现在，我们来看一个历史上绝好的例子，有个人能同时做到保持并放下自己的骄傲，他的名字是杰基·罗宾逊。

5. 当球向你飞来，请保持冷静

当第二次世界大战于 1945 年结束的时候，美国职业棒球大联盟仍然实施种族隔离政策。职业的非裔美籍棒球选手和白人选手效力于不同的球队。在 1947 年，布鲁克林道奇队的总经理布兰奇·里基做了一个大胆的举动，改变了这种状况。里基把杰基·罗宾逊引进球队，使杰基·罗宾逊成为第一位在美国职业棒球大联盟球队打球的非裔美国人。

有关美国职业棒球大联盟的故事很复杂，涉及方方面面，但不可否认的是，这个故事的一个至关重要的部分是围绕一个名叫杰基·罗宾逊的人展开的。罗宾逊是一位杰出的棒球选手，这一点可以用他的职业数据证明。但是里基选择罗宾逊，不仅因为他有出色的棒球技术，还因为他相信罗宾逊拥有极强的情感能力。作为棒球界首个打破种族隔离政策的非裔美国球手，罗宾逊有可能要面对很多恶劣场面，而里基相信罗宾逊具备这种情感能力。

罗宾逊的故事和一线客服有什么关系呢？毫无关系，却也大有关系。作为社会中的一员,我们总是从别人身上学习,看他们经历更严苛的极端情况时是怎么做的,从而提高自己。虽然大多数人永远也不用像总统一样做那么重要的决定,但我们可以通过向总统学习而受益;虽然我们中的大多数人永远也不会经历战火,但我们可以学习士兵身上的优点;虽然大多数人永远也不会参与高强度的竞技比赛,但我们可以以体育传奇人物为榜样。

但是,这个体育传奇人物不是迈克尔·乔丹,也不是韦恩·格雷茨基(加拿大职业冰球明星,全球冰球传奇人物),他给我们的启示与勤奋训练无关。杰基·罗宾逊的职业生涯给我们上了发人深省的一课,让我们明白情感坚毅和自我控制能够带来力量。罗宾逊的神奇经历向我们展示出他高度的职业素养和自律能力,即使在最艰难的条件下,他也能锻炼出这种素养和能力。

当然,我们不能把罗宾逊的经历与我们在客服一线的经历相提并论。我们硬着头皮安抚一个发火大叫的顾客,就因为他没买到最喜欢口味的冰淇淋,至少这样的经历和罗宾逊的个人经历区别还是很大的。然而,我们面对的困难不如罗宾逊面对的困难那么大,那么极端,如果因为这样,就对我们面临的困难轻描淡写,那就大错特错了。有时候在一线工作的日子很难熬。

如果你在一线工作时间足够长,你最终会见识到真正的丑恶。我亲耳听过顾客在辱骂中涉及种族、性别和社会地位。我亲眼见过一个成年人对年轻的一线女员工恶语相向，甚至把她们骂哭。我也见识过或隐晦、或直白的威胁。然而这些极端情况都是个例，而不是常例。在一线服务过程中，顾客的粗鲁和争执让你感到沮丧和愤怒，这是你需要面对的主要情形。

当然罗宾逊需要面对的情况更糟糕：他们给他起有种族歧视色彩的外号，对他进行死亡威胁，还有人把球往他的头上砸。罗宾逊忍受着这些语言上、精神上，有时候甚至是身体上的持续性的攻击，然而他一次又一次站上本垒板，在每一个转弯都保持冷静沉着。

在2013年上映的关于罗宾逊的电影《42》中，有一幕令人难忘：在他上场击球的时候，对方球队的经理大声对他叫嚷着，言语恶毒。罗宾逊并没有回应，或者说他没有公开回应。他向本垒板旁跨了一步，深呼吸，然后继续击球。他一完成击球，便离开球场，走入球场下方的通道。到了那儿，他再也控制不住了。他开始大叫，把球棒往墙上砸。最终他蜷缩在地上，大声痛哭。罗宾逊之所以伟大，不是因为他从不发怒、伤心，而是因为他能在公众面前控制住自己的情感。

你永远也不用经历罗宾逊一直忍受的卑劣刻薄的人身攻击，更不用说在全国性的平台上忍受这些。他的抗争是开创性的，是有历史意义的，他是真正的美国英雄。他给我们上了一课，教我们怎样在面对坎坷时仍能自我控制。他让我们知道，当有人因为没有买到某种口味的冰淇淋而对我们又喊又叫时，我们不必针锋相对，我们可以冷静沉着地应对。

　　幸运的是，我们不必像罗宾逊那样去承受别人扔过来的什么东西。在顾客的愤怒转化成侮辱的时候，我们就要划清界限了。这个话题我们将在第73节讨论。42号（罗宾逊的球衣号码）教给我们的仍然很重要。因为即使在我们与一个出口伤人的顾客划清界限的时候，我们也必须保持自控力，用冷静的职业方式划清界限。

　　在第一线工作，意味着一次又一次踏上本垒板。记住：你偶尔会被打偏的球击中，甚至有一些球是故意冲你来的。这时候，请深呼吸并保持冷静。好的客服人员和优秀的客服人员之间的区别就在这里。

6. 你在心中为顾客留下一席之地了吗

让别人在你的心中"占据一席之地",这个顾客服务心理方面的概念是我非常喜欢的一个观点。这种想法建立在这样的一个前提上:密切的沟通(即使不频繁的沟通,也会更多地引起我们的共鸣)总会影响到我们看待自己的经历的方式。

如果有人挡了你的路,你会不会有以下反应?

(1)摇摇头,但是觉得这个人有重要的事情。

(2)觉得这个人是一个混蛋,但是只要事情过去了,这种感觉也会很快消失。

(3)变得愤怒并且怒火迟迟不消,所以当再有人做了什么事情惹火了你,你就会加倍发怒。

如果你有第三种反应,那么你就选择了一个绝佳的例子,说明怎样做就会让别人在你的心中"占据一席之地"。

顾客会触动我们的神经。我们会很介意,会感到生气,在看到居然还有别人跟刚才的顾客一个德行的时候,我们会加倍感到灰心丧气。在第 5 节，我们讨论过在这些沟通情况出现的时候，应该保持自控力并做出专业式的回应，这是非常重要的。但是，在这样的时刻过去后，很多服务代表在情感上还是迟迟不能忘怀，和当时就冲动回应相比，这种心态同样具有破坏性。

"骗我一次，是你的耻辱；骗我两次，就是我的耻辱。"你可能很熟悉这句俗语。大多数人有意识地或无意识地都抱有这种心态。纠缠于不愉快的经历，不想再次遭受同样的痛苦，这是很自然的心理。遗憾的是，这种防御机制（我们将在第 2 章从顾客的角度来讨论这一点）不是很敏锐，防御机制会使你对待所有顾客的方式都发生变化，而不仅仅是对待那些不好对付的顾客。当你让上一个难缠的顾客留在你的头脑中，下一个顾客就不可避免地会成为那个顾客的延续。你的看法就变成类似于"骗我一次，是我的羞耻；但想骗我两次，门都没有"的观点。

抱着一种抵触心理和顾客沟通，就不可能制造出"英雄级别"的顾客体验，所以我们必须想办法把我们头脑中挥之不去的那些难缠顾客赶出去。我们必须想个办法，让这些令人不高兴的事情被了结之后就不再困扰我们。我们还要想个办法，在和下一个顾客沟通的时候，把之前难缠的顾客忘得干干净净。最好的解决方法就是，弄清楚他们最初是怎样进入我们头脑中的。

我们来看一看面向顾客的专业人员提供的一份清单。这些专业人员会遇到的常见顾客构成情况是怎样的？以我的经验，每服务 100 个顾客，你可能遇到如下之人：

- 其中的 15 个人是大好人，让你觉得这一天很完美。
- 其中的 50 个人有礼貌，为他们服务很愉快。
- 其中的 20 人不好不坏，没什么印象。
- 其中的 10 个人没有耐心，有点儿无礼。
- 其中的 4 个人发了火，挺讨厌的。
- 其中的 1 个人难以理喻，还有点儿吓人。

当然，每份工作都不一样，每个有 100 名顾客的顾客群也不同。我们有几周过得风平浪静，也有几周过得异常辛苦。而且，如果你专门做问题解决类型的工作，如帮助台或者接听客服电话的工作，那么你遇到负面沟通的情况会更多。

在此，以上清单的准确性不是重点，重点是如果你仔细看看你所服务的顾客，难缠的顾客通常在整个群体中只占很小比例。再看看这个清单，你就会发现接待完 85％ 的顾客以后，我们可能才会遇到不好对付的顾客。真正的困难在于，极端的情况会清晰地存在于我们的头脑中，特别是有些真的非常难处理的事情会激起我们内心的情感反应。它们可能不常出现，但是它们就是那些我们在心里为之"留了一席之地"的极端情况。

你从事的工作面向的顾客清单是什么样子？假设你并不从事问题解决类工作，过去两周或两个月以来你应对过多少真正怒不可遏的顾客呢？有多少顾客感到气愤呢？如果你认真回忆一下你的顾客清单，这些顾客可能在你服务的顾客中只占极小的比例。现在回忆一下你对这些顾客的回应。他们中有多少人该"离开"却还没有"离开"呢？他们中有多少人占据你的头脑长达几个小时、几天，甚至几个星期呢？这些顾客对你的工作表现和工作满意度有什么影响呢？

当你让难缠的顾客在你头脑中停留的时候，他们占据了你本来可以留给其他顾客的那部分空间。更糟糕的是，这些难缠的顾客会吸引他们的同类。这是心理学中为人熟知的"确认偏误"概念的另一表现。你头脑中存放的最差顾客越多，此类顾客出现得就越多，因为他们证实了你的潜在认识。当初就是有了这种认识，他们才得以在你的心里扎根。

让最难缠的顾客在你的心中占有一席之地，这是你自己的决定，也只能是你自己的决定，与他人无关。你可以选择继续前进，也可以选择超脱于这些鸡毛蒜皮的事，或者选择干脆随它去。大多数顾客都是好人，他们需要你的帮助，让他们来影响你对待顾客的态度，而不要让那些使你无法正常工作的顾客来影响你的态度。

我可以确定的一点是：一旦你把这些钉子户清除掉，你会发现自己更喜欢影响你心情的其他人。

7. 态度决定高度——事实如此

我们在前 6 节用一些篇幅了解了顾客服务人员需要具备什么样的心态，才能提供"英雄级别"的顾客服务。我们也了解到怎样看待顾客、怎样看待顾客的投诉，以及与顾客沟通困难的时候我们的处理方法。想把千头万绪的信息理得井井有条需要一个最终要素，那就是你的整体态度：你对待所属机构的态度、你对待同事的态度和你对待工作的态度。

我听过很多商业方面的陈词滥调，其中这个说法最真实：态度决定高度。这种观点有说服力的一个原因就在于：态度是你的生活中为数不多可以被你完全控制的东西。不管多糟糕的事情发生在你身上——运气不好、时机不好，或者环境不好——你可以控制的只是你对此的反应。

因为态度影响一切，所以它是成功的根本推动力。如果你只想着生活的不公平，你就不会受到鼓舞去提升自己。如果你的人生观消极负面，你就不能吸引成功人士进入你的生活。如果你关注的总是什么是错的而不是什么是对旳，你就没有拼尽全力的动力。有那么几个蠢货态度恶劣，照样登上成功的巅峰。千万不要被他们所影响，在大多数行业里，他们只是个例。

要是你问我的看法，我会告诉你：你的态度是决定你的未来的最重要的因素。

有一次，我的一个一线经理来找我，说他很担心一个总在休息室里不停发牢骚的员工。在这位员工看来，就没有一件事是顺心的。我问了经理几个问题，确定这位员工不是故意创造出一个心怀不满的环境，也不是故意影响生意。她没有这样的意图，只不过她就是这样一个不高兴的人，把休息室里其他人的情绪也带坏了。我还问他，她是从最开始在这里工作时起就这样，还是最近才变成这样，因为也许发生了什么事才改变了她的态度。结果从她开始在这里工作，她就一直如此，她就是这么一个人。

我给了经理几个建议，帮他减缓这个员工对整体士气的消极影响。但我也告诉经理，不要指望有奇迹发生。在全世界大多数休息室里，你都能找到这类员工，没办法，这是现实。如果她总是这样，那么从今往后的 20 年，她换不了别的工作，她会一直给人打工，成天坐在休息室里抱怨着事事不顺心，永远也不可能被委以重任。这样的人在生活中一事无成，还总埋怨别人让他们一事无成。

你也不想成为这样一个人吧。

你的工作也许不是你梦想的工作，但是不管怎么说，它都是一个机会。抓住这个机会的最好方法就是，做一个专注于让事情变好的人，做找到问题并找出解决办法的那个人，做面对问题挺身而出的那个人，做有人不停抱怨时去改变话题的那个人。

在工作中我们都会有问题，谁都需要吐吐苦水（少许就够了），那就找朋友或配偶诉诉苦，或者向你的经理抱怨一下，后者才是职业化而且有建设性的做法。不过，一定要记住这一点，来自顾客的投诉可能是礼物（我们将在第 56 节讨论这一点），但是来自同事的埋怨可算不上礼物。

优质的顾客体验始于良好的态度，在工作中的满足感和幸福感也始于良好的态度。当然，态度不是一切，技能和能力确实也很重要。但是如果没有一个良好的态度，这些几乎毫无意义。你的态度将决定你为顾客服务的能力，决定你鼓舞别人的能力，并且决定你在所属机构里工作晋升的能力。

你的态度真真切切地决定你的高度。

Be Your Customer's Hero

第 2 章

当今顾客的心理

8. 顾客也有心理规则

在第 3 节，我说到我们有"心理规则"这个概念，即那些我们头脑中生成的关于人们该如何行事以及世界是什么样子的严格准则。那么，你猜怎么样？不仅我们有规则，我们的顾客也有这样的规则。

心理规则就好像顾客的心理预期一样。

显而易见，在顾客服务培训中，顾客预期不是一个新的说法，但是心理规则这一概念给我们提供了有用的框架，让我们明白预期这个词有时候不足以表现顾客的感受。顾客对于"该做什么，该什么时候做，该怎么做"有固执的看法，固执到一旦我们达不到他们的预期，他们不仅会感到失望，而且会感到愤怒。

在我们与顾客的交流中，我们与顾客之间一直存在一个认识偏差，即我们认为的服务失败程度和顾客认为的服务失败程度之间的偏差。在我们看来这么一件小事，我们不明白为什么顾客对此大发雷霆。也许是因为他们正经历什么私人问题（正如我们后面在第 12

节探讨的内容），也许是我们触动了他们在服务方面的某条敏感神经（正如我们将在第3章探讨的内容），但是也可能是因为我们违反了他们的某条心理规则。

顾客可能有哪些类型的心理规则呢？

● 我走进一家商店，如果店员没有立刻招呼我，这家店的店员就不算训练有素。

● 我曾给过商家我的信用卡信息，他们还打电话跟我确认，这是因为他们没保存好我的信息。

● 我正在收银台结账，店员还接听电话，说明这个店员根本没把我这个顾客当回事。

顾客的心理规则随时可能出现。有时候是我们自己给顾客制造了这些心理规则，事实上你会喜欢这一点。假设一个顾客，他前七次走进我们商店的时候，马上就有店员招呼他。现在假设他第八次走进商店，没有店员招呼他。在第八次进店之前，这位顾客已经形成会有人招呼他的期望，当这件事并没有像他意料中的那样发生时，这就打破了他的期望。也许他注意到没人招呼他，但他没把它当回事，觉得只是偶然事件。这种反应代表期望值没有被满足。但是也许没人招呼他这件事惹怒了他，当他终于遇到一个客服代表的时候，他就要求见他们的经理。这种反应意味着心理规则被打破。

如果顾客的反应和问题本身的严重程度看起来不相称，牢记心理规则这一概念。当你觉得自己没有达到某种期望时，顾客可能认为你打破了某项心理规则，失望与愤怒的区别就此产生。

9. 我能从中得到什么好处（WIIFM）

当顾客和我们做交易的时候，他们想要什么？当然，每个人都有不同的需求和愿望，但是几乎所有的顾客，促成他们的商业交易的是同一个核心问题：我能从中得到什么好处？

WIIFM的概念在商业的不同学科内被广泛传授，如销售环节、管理环节、顾客服务环节。人们总想知道自己能从某件事中得到什么，他们想知道自己能获得什么好处。WIIFM对以上想法是个概括。顾客都一样：在他们表现出兴趣之前，在他们把钱交给你之前，他们想知道自己能从中得到什么好处。

作为一位面向顾客的专业人员，你应该一直把这种观点记在心里，这样你就能更好地理解顾客的想法。不论你是和一位顾客第一次打交道，还是处理一个棘手的问题，顾客总是更关心他们将从中获得什么："如果我签了这份合同，我将获得什么？""他们打算为我做什么，好弥补他们给我带来的这些麻烦？"

然而，对WIIFM的讨论并不能为一线服务人员描绘出一幅美好画面。透过在第 2 节讨论过的"交易式／关系式"的镜片来看，WIIFM 呈现的是，顾客永远对我们采取交易式态度的画面：所有交易仅仅是从公司得到尽量多的利益的机会。幸运的是，绝大多数顾客不是这样的。除了想知道他们可以从中获得什么好处，实际上，顾客还能从与我们的沟通中获得其他东西。

顾客并不肤浅，他们想要的东西，不只是能算得清清楚楚的东西。顾客想感觉到自己被重视，顾客想感觉到自己被理解，顾客想感觉到自己与众不同。我希望你注意到前面几句话里的感觉这个词，因为这个词才是关键。驱动顾客的，既有他们从这种关系中可以获得的东西，还有这种关系给他们的感觉。这两个驱动力会影响顾客对你和你所在的机构的看法，如果你能铭记这一点，你就踏上了与这些顾客成功培养关系的道路。

遗憾的是，在沿着这条道路走的过程中，你可能遭遇一个很大的路障，即一个这样的事实：顾客是无理性的。

10. 所有顾客都无理性可言

既然你已经知道顾客想要什么，我要跟你透露一个小秘密：顾客并不总是知道自己想要什么。

说到这里，我的话肯定让你感到很费解，所以请听我为你解释。潜意识对顾客体验世界的方式的影响是惊人的——即使是最微小的投入都可以影响顾客期望值和行为。对顾客体验细节最简单的改变——价格、店面布局、店内音乐——都能深刻改变顾客对你所在机构的看法。

丹·阿里利是杜克大学的心理学和行为经济学的教授，他在自己的《可预见的非理性》（*Predictably Irrational*）一书中描述了一个实验，让参与者给随意的单词重新排序。其中一个实验测试语言的力量，通过"使用比如'佛罗里达州''宾果游戏'和'古老的'这些字眼，表现'老年人'这个概念"[1]。真正的研究并不是为了重新排列单词，而是为了测试这些具体的词对参加者行为的影响。研究人员测定了参加测试的本科生在离开大楼的时候走出过道花费的时间长短。"可以肯定，"阿里利说，"实验组的参加者受到'老年'词汇的影响，他们的走路速度明显慢于对照组中那些没有被'老年'词汇影响的参加者。"[2]

这种影响会怎样体现在顾客身上？顾客可以根据各种各样的信息设定自己的期望值：比如他们上一次到店的时候，服务人员用什么样的口吻和他们交谈；比如前一天吃午饭的时候，他的朋友提到你们店的生意的时候是怎么说的；比如商店入口打扫得多么干净。这就是为什么有些一直高高兴兴的顾客在几次差劲的体验后忽然态度大变。这种转变并非总是有理性的。

偶尔，顾客经过有意识的情况分析会得到一个理性而公平的结论，他们的思考过程差不多是这样的："我光顾这家店的生意有五年的时间，来这里不下二百次。我最后两次购物体验是和同一个服务代表打交道，这两次体验都很差。看起来她不适合在这里工作，或者她接受的培训不好。也许我应该跟她的经理说她可能有点问题。"

更常见的情况是，那两次糟糕的体验会使顾客头脑中形成这样的想法："唉，这里的服务真是越来越不行了，以前这家店待客多么周到啊！"

有过二百次购物体验，只因为两次不好的经历，就得出这样的一个结论，这样合理吗？不合理。但是这就是顾客有时候的想法。关于顾客缺乏理性的各种表现，威廉·J. 加斯克写了整整一本书——《所有的顾客都是无理的》（*All Customers Are Irrational*）。
这些表现包括：

- 顾客还没想好、没做好决定就行动。

- 顾客自欺欺人。

- 顾客无法预料他们未来会怎么做。

- 顾客的行为受到几乎任何事情的影响。

- 顾客都进行比喻式的思考。

- 顾客把人的特性套用在无生命的事物上。顾客想要功能
齐全的商品，然而他们却不会使用大部分的功能。

- 顾客给自己编故事。[3]

这个清单远远没有列完，但是如果你的工作是面向顾客的，那
么这个清单会让你筋疲力尽。列这个清单不是为了吓唬你，而是为
了让你对顾客思考和处理信息的一些方式有一个简单的认识。顾客
不总是理性地处理信息，认识到这一点，你不仅能不带个人感情色
彩地看待顾客行为，而且能解决服务问题。正如在后面的章节里你
将会看到的一样，顾客无理性这一概念（比如前面提到的词汇研究
的"先入为主"的观点）可以与客服技巧结合在一起，产生很好的
效果。正如丹·阿里利的书名表明的一样，顾客可能是非理性的，
但是他们的非理性是可以预见的。通过理解顾客处理信息和使用信

息的方法，面向顾客的服务代表可以使用同样的心理过程，创造更好的顾客体验。这就意味着顾客缺乏理性也并不总是一件坏事。

参考文献

[1] Dan Ariely, *Predictably Irrational* (New York: HarperCollins, 2008), 170.

[2] Ibid., 171.

[3] William J. Cusick, *All Customers Are Irrational* (New York: AMA-COM, 2009), 39–43.

11. 谁都匆匆忙忙，谁都压力非常

如果有一件事你能说得准，那就是每个人都有很大压力。那些本来应该给我们节约时间的便利手段——电子邮件、短消息、所有便携通信工具——却使我们总是处于"开机"状态，令我们异常疲惫。来自各行各业的人都有相似的怨言：每天时间都不够用，电话响个不停，连社交账号也要留心。

我觉得你尽可以说个没完，但是我们往往容易忘记我们的顾客也有同感。而且当他们来到我们商店的时候，已经觉得时间不够用，压力太大，他们不想让任何人给他们雪上加霜。2013年7月，在加利福尼亚的一家苹果商店，摄像头拍下了一个顾客的视频，该视频被广泛传播。这位顾客就是后来网上著名的"苹果商店女士"，或"愤怒的苹果商店女士"。她当时的状况非常糟糕，视频拍到她冲着苹果商店的一名员工大喊大叫，嚷道："苹果保修计划上说，我可以来店里找到我要的零件。"然后她用力地拍打自己的婴儿手推车来强调自己说的话。

引起大家极大兴趣的并不是这个可怜的女士。虽然她不算一个大好人，但是她很不走运，因为她的难堪时刻被拍成视频而且被传到网上。

让人们感兴趣的是后来出现的关于这个事件的一些文章。当然很多文章都将这件事描述为"火车相撞"般的惨烈事故，而且它们关注的是这个女士非常极端的反应。但是另外一些文章采取不同态度，关注我们作为消费者会有的一些感受，这些感受被这位女士表现了出来。以下是其中一些文章的标题：《苹果商店的尖叫女士活生生说出了我们的内心独白》[1]《在苹果商店尖叫的女士极好地捕捉了我们所有人的感受》[2]《发狂的苹果商店女士的崩溃代表了所有人的愤怒》[3]。

我不知道这位苹果商店的女士是否经常冲服务代表大喊大叫，或许总的来说她是一个好人，只不过在这个特定的情况下失控发火。

不管是哪一种情况，很明显她觉得苹果商店给她带来了极大不便。我们可以从视频中看到，她需要给她的苹果产品配一个零件，她认为苹果保修计划上说她可以到实体商店买到零件。当她把自己的宝宝带好，一路开车到商店，店里人员却告诉她事情不是她想象的那样。

如果你有丰富的一线工作经验，你就知道苹果商店女士这样的顾客随处可见。事实上，很多顾客来到你面前时处于这种状态：他们过得匆匆忙忙，承受着很大压力，而且一触即发。所以你在一线工作时该怎样处理这些情况呢？你怎样才能使顾客这一天过得高兴一点，不用承受那么大的压力呢？这个解决办法从原理上来说非常简单，但在实际操作上有点复杂，那就是使顾客的消费体验尽量少一些麻烦。

作为在一线工作的员工，不得不执行一些被顾客当成麻烦的流程，你可能对这些流程没有太多的控制力，但是你的确有办法让这个过程尽量顺畅一些。如果可能的话，让顾客觉得舒服点。我们这样说吧，在你工作的商店里，所有的顾客都需要填 723 号表格，你负责让他们填表。表格中有没有你可以为他们提前填写的部分呢？你可以把表格寄给顾客，好让他们提前填表吗？如果你在服装商店工作，你可以帮顾客把衣服拿到试衣间吗？你可以主动帮顾客拿着他们的衣服站在前台，好让他们继续购物吗？这些想法的细节并不重要，也许它们适合你工作的具体环境，也许不适合。你需要明白，不论你在机构中的职位如何，你总有这样的机会为顾客提供方便的体验，这一点很重要。如果你仔细寻找，你总能发现一些方法，减少顾客遇到的麻烦。如果你做到这一点，就能确保在你的服务对象中不会出现苹果商店女士那样的顾客。

参考文献

[1] Caity Weaver, "Screaming Lady in an Apple Store Lives Out Your Inner Monologue," Gawker, July 23, 2013, http://gawker.com/ screaming-lady-in-an-apple-store-lives-out-your-inner-m-886642382. Accessed September 23, 2014.

[2] Ryan Broderick, "This Vine of a Woman Screaming in an Apple Store Perfectly Captures How We've All Felt in an Apple Store," BuzzFeed, July 23, 2013, http://www.buzzfeed.com/ryanhatesthis/this-vine-of-a-woman-screaming-in-an-apple-store-perfectly-c. Accessed September 23, 2014.

[3] Madeleine Davies, "Angry Apple Store Lady's Meltdown Represents the Fury in All of Us," Jezebel, July 23, 2013, http://jezebel.com/ angry-apple-store-ladys-meltdown-represents-the-fury-i-887032736. Accessed September 23, 2014.

12. 顾客的故事不为人知

所有顾客的相同之处在于，大家实际上都过着压力大而且麻烦多的生活，而不同之处是，他们个人生活中遇到的麻烦不同。

假设你在一家干洗店的前台工作。一个中年女士走进店里想干洗套装，希望隔天取件。她不是一位常客，但她多年以来一直在这里洗衣服。但是很不幸，她来晚了半个小时，没有赶上送洗衣物的截止时间。你向她说明，你最快也得两天后才能让她取回干洗的衣服。

就像那位苹果商店的女士一样，她也发火了。她大喊自己光顾你们的店这么多年，现在你们就这样对待她。她说知道自己并不是你们的贵宾，但是不管怎么说，当她最终需要你们为她服务的时候，你们却给她搞得一团糟。她开始骂人，尖声叫嚷，你越是想安抚她，她越是不依不饶。她以前从来不多事，但是现在像中了邪一样。所以你点着头，然后用自己具备的客服素质尽量去安抚她，并同时在心里说："她真是个混蛋！"

是的，她是个混蛋。但是如果我告诉你她是一个寡妇，带着三个孩子，八周前刚刚失业，并且一直没能找到一份新工作，马上要被房东从房子里赶出去。如果我告诉你她的这身套装是她唯一的职业服装，而且自从她失业以来，唯一一个像样的工作面试安排在明天下午呢？所有这些将如何改变你的看法呢？

如果你和大部分人一样，这些信息就会影响你看待这位顾客的方式。那么，这些信息就能为她的行为开脱，为她对待你的方式开脱吗？不是这样。但是知道她正在经历的事以及她这么生气的原因后，你的看法会稍微改变一些吗？

我们几乎不知道一个顾客正在经历什么样的个人生活。也许他病了，或者他所爱的人病了。也许他正遭受经济困难，或者正在经历离婚。我们人生中都有艰难时刻，如果你一天中服务一百个人，他们谁都没有正在经历个人生活中的艰难时期，这种概率有多大呢？我们不知道每个顾客的故事，但是记住这一点对我们有帮助，尤其在你努力去理解一个顾客为什么对你如此刻薄的时候。

几十年前我第一次接触到这样的一种想法，那时候我正在读史蒂芬·科维的一本书，书名是《高效率的人有七个习惯》（*7 Habits of Highly Effective People*）。在这本书里，科维讲了他在乘坐地铁时发生的一个故事：

我记得在一个周日的早晨,在纽约的一趟地铁上,人们安静地坐着……然后突然一个男人和他的孩子们进入地铁车厢。

那些孩子们非常吵闹,车厢里整个气氛马上就变了……这些孩子们到处叫嚷,还乱扔东西……我不敢相信家长居然这么无动于衷,听任自己的孩子这样胡闹。

我转过头去看着他说:"先生,您的孩子真的打扰到很多人……"(男人)轻轻地说:"你说得对,我觉得我应该做点什么……他们的母亲一个小时前去世了,我不知道该怎么办。我猜他们也不知道该怎样面对这件事。"

在那一刻,我的思考模式转变了。我不禁感到深深的同情和体贴。"您的妻子刚刚去世……我有什么可以为您做的吗?"在那一刻一切都变得不一样了。[1]

正如史蒂芬·科维用这个很好的例子所说明的,包括每一个顾客在内的每一个人都有自己的故事。一个人站在你的柜台前,你真的不了解他正在经历着什么。把这个概念以及这种看待事物的不同角度呈现出来,目的不是让你原谅那些糟糕的行为。一生中总有一件(或几件)事情发生在我们身上,作为一个个体和社会公民,我们要对自己的做法和行为担负起责任,这是我们应该做的。呈现这个概念是为了帮助你理解为什么顾客会有这样的行为方式。

作为一个面向顾客的专业人员，怎样去享受你的工作并且提供"英雄级别"的顾客服务呢？你能做到的最好的一件事就是，在服务顾客的时候，时刻谨记你不知道他们正在经历着什么。这种认识能帮助你记住：不是所有对你苛刻的人都是混蛋，不是所有不搭理你的人都没礼貌，而且不是所有咒骂你的人都欺软怕硬。这种认识有助于让你记住：大多数时候他们都不是针对个人的，而是针对其他一些事情的。

顾客有自己的经历，这些经历会影响他在你所属的机构处于不利情况时的反应，但是顾客的反应也不仅仅与他的个人生活有关，也与他之前与你的公司或其他公司打交道的经历有关。这就意味着当你的顾客走进你店里的时候，他随身携带的不只是他个人的生活包袱，还有他在其他公司受到不良服务的所有往事。

参考文献

[1] Stephen R. Covey, *The 7 Habits of Highly Effective People*, 25th ann. ed. (New York: Simon & Schuster, 2004), 38–39.

13. 大家都曾经受过伤

　　让我们来面对这样一个现实：我们的每一位顾客以前都曾经被"烫伤"过。在某时某地，某个机构以某种方式给过他一次糟糕的消费经历。这次经历让他觉得自己受到侮辱、不被尊重，甚至被恶意利用。更有可能的是，这样的事情发生过不止一次。

　　正如我们在第 6 节里讨论过的那样，在与顾客之间不愉快的沟通结束以后，我们可能会把那些不愉快的经历留在心里。同样，顾客也可能对差劲的服务体验耿耿于怀。在很多情形下，当这些差劲的体验结束的时候，它们并不会马上从顾客的头脑中消失；相反，它们会留下持久的伤疤，并最终成为一种防御机制。

　　在第 6 节，我也提出"骗我一次，是你的耻辱；骗我两次，就是我的耻辱"的说法。人们创造出很多种说法来说明同一个意思，而这只是其中一种。常见的说法还有"一朝被蛇咬，十年怕井绳""再也不上当了"。这些俗语说明，很多人用这种看法来看待这个世界。这种看法强调，人们不喜欢感觉自己像个傻子，而且他们会采取重要的防御措施来避免此类事情再次发生。对于面向顾客的专业人员来说，坏消息就是：在很多情况下，这些防御措施是别人行为的后果，但是不管怎么说，这一后果却要你来应对。

2012 年 1 月，我发了一篇博客文章：《你糟糕的顾客服务让我不爽的原因是什么》（*Why Your Awful Customer Service Sucks for Me*）。在这篇博文中，我给一个虚构的店主写了一封信，他的店提供的顾客服务太差，所以顾客都跑光了。这封信说的是，如果我的店是从他那里流失的顾客选择的下一家店，会有什么情况发生。在我的这封假想信中，我对那家店主说了一番话，总结出顾客对一些糟糕服务的常见反应，以及一线员工可能受到波及的情况：

> 我应该感谢您的酒吧档次这么低，我几乎都不用抬高脚就能轻松跨过去……有了贵店的陪衬，我们不用怎么努力，就能显得出类拔萃，这真是太容易了。所以也许我应该谢谢您。但是，我又想了想，也许我不应该谢您。
>
> 您看，虽然您可能会觉得多亏有您糟糕的顾客服务，我们的店才会显得光彩夺目。但是在您的顾客离开时，"找家更好的店"并非他们的主要心态。当您曾经的顾客来到我的店里，他们想的往往不是"哪儿都比上一家好"。他们来到我店里的时候，他们想的是"这个地方会怎么坑我"。

您送到我这里的顾客，是身心疲惫又有戒心的顾客，而且他们一看到可能出错的迹象，就觉得这家店有阴谋、不怀好意。事实上，您送给我的并不是顾客，您送给我的是"创伤后购物障碍"患者。我要花费几个月，甚至几年的时间，才能获得他们的信任，把他们变成"可盈利"的顾客，才可以不用在消费体验中每走一步都得拉着他们的手，时时表达安慰。[1]

虽然这是虚构出来的一封信，但是它刻画出顾客对过去的负面顾客体验的反应。他们来到我们店里的时候，总是身心疲惫且心怀戒备。他们之前受过伤害，所以他们采取各种各样的防御方法来避免再次受到伤害。这些方法很多都随着时间变成了条件反射。某些情形或某种沟通都可能立刻触发顾客的不良反应。我把这些刺激因素称作服务导火索，我发现其中七种最常见的影响顾客的导火索。如果你能理解这七个服务导火索，就能避免出现各种各样的常见顾客服务问题。

参考文献

[1] Adam Toporek, "Why Your Awful Customer Service Sucks for Me," January 31, 2012, http://customersthatstick.com/blog/uncategorized/why-your-awful-customer-service-sucks-for-me/. Accessed October 27, 2014.

Be Your Customer's Hero

———————

第 3 章

七个服务导火索

14. 七个服务导火索导读

"七个服务导火索"是建立在顾客来的时候不是一张白纸的认识基础之上的。即使他们是我们的新顾客，以前他们也有过在类似的其他公司的消费经历。这些经历或好或坏地影响他们的看法和反应。

七个服务导火索的概念没有科学依据，我也无意为它们寻找科学依据。这个概念的框架来源于我和顾客及一线员工打交道得到的经验。在这些沟通经历中，我注意到顾客的行为已形成某些模式。某些具体的情形会成为显著导火索，瞬间引发顾客的负面反应。

为什么这些服务导火索这么威力惊人？因为在顾客服务中有两个可以结合使用的有效方法，那就是意识和预防。在顾客服务中，"预防为主，治疗为辅"这样的老一套做法也行得通。处理服务问题最好的办法就是一开始就避免它的发生。

在第13节，我谈到消费者都曾经受过伤害这一观点，说明七个服务导火索如何形成，说他们"被烫伤"是一个很形象的比喻。记得我十一二岁的时候，我坐在祖父的车里，像所有孩子那样，到处乱摸各种按钮和装置。在某一时刻，我按下点烟器。当点烟器弹起来的时候，线圈烧得通红，我一只手握着点烟器，另一只手都能感觉到线圈散发出来的热度。过了几秒钟，线圈不再泛红，我的好奇心占了上风，于是我把拇指贴了上去，结果把自己烫了个够呛。我学到了什么？我是个小傻瓜——还有一点，发烫的点烟器不一定发红。

人类的思维很简单：我们寻求愉快，避免伤害。如果你曾用手碰到过热的炉灶，你马上就懂得再也不要这么做。这种反应机制不仅适用于身体的疼痛，也同样适用于引起心理不适感觉的事物，这一点似乎被很多人忽略了。举个例子，当你还是个孩子的时候，你可能认识某个人，他对你不太友好，每一次他对你不友好的时候，他都会对你瞪眼睛。所以当别人的目光与你的目光接触时间稍微长一点时，你就认为这是一种挑衅和令人不悦的行为。很多年以后，你仍然认为直接的目光交流是一种不尊重和攻击性行为，而不是一种尊重和关注的行为。

同样的事情发生在我们的顾客身上。他们以前有过不好的经历、令他们失望的经历，甚至是快把他们逼疯的经历，这些经历虽然已经结束，但是却持续影响着他们。顾客围绕他们的经历产生各种联想。他们明白，被推给别的服务人员意味着一切从头开始。他们明白，如果店员一走开就不会再回来。他们明白，服务代表如果不看他们一眼，就表示人家根本就不在乎他们。不管有没有现实依据，顾客最终把某些行动及其背后含义联系在一起，而且就像所有心理联想一样，某些特定场景会引发这些联想。就像某种味道或某首歌使你觉得快乐，因为你把它和你生活中的美好时光联系在一起，顾客遇到的特定情况将引发来自先前经历的负面联想。

以上描述的情况中，最常见的是七个服务导火索：

(1) 无人理睬。

(2) 惨遭抛弃。

(3) 麻烦多多。

(4) 遭遇无能。

(5) 被踢皮球。

(6) 深感无力。

(7) 不受尊重。

理解这些服务导火索的目的是提前识别它们，然后使用以下我将介绍给你的技巧和策略，以避免从一开始就点燃服务导火索。

乍一看，你可能注意到七个服务导火索并非各自独立存在，它们之间互相交叉：如果顾客觉得无人理睬，他可能也觉得不被尊重；如果顾客感觉自己惨遭抛弃，他可能也深感无力。

服务导火索并不适用于所有人。一个足以点燃一个导火索的事件，在另一个人看来，可能没什么大不了，因此反应强度因人而异。对于一个非常淡定的人，你得把订书机砸到他身上，他才会有负面反应；而对于一个鸡毛蒜皮型的人，即使是最不起眼的小麻烦，他也会当成了不得的大灾难。绝大多数人介于两者之间。

在后面的章节里，我们会详细地探讨七个服务导火索——导火索的内容、怎样识别服务导火索、避免点燃服务导火索的具体方法。你会发现这几章里诸如意识和预防等主题彼此交织。你也会发现对几个服务导火索都奏效的通用方法。事实上，"一号服务导火索：无人理睬"和"二号服务导火索：惨遭抛弃"的交叉点就很多，我会专门用一节来讲适用于两者的技巧。

到这里，我们打好了概念上的地基，好给你一个提供"英雄级别"顾客服务的基础。你也了解自己的心理战术和当今顾客的心理。现在我们要谈谈在现实一线工作中用得上的那些技巧并一试深浅了。

15. 一号服务导火索：无人理睬

你有没有过以下经历？

- 你走进一家百货公司，然而没有人招呼你。

- 你快步走进一家餐厅，然而没有人为你服务。

- 你站在服务台前，然而店员不理你。

作为消费者，进到一家店里，结果发现没人理睬你，没人把你当回事，我们都知道这是一种怎样的失落感。我们的顾客有同样的经历：销售代表专心发信息，无心工作，侍者在你就餐期间出去抽了15分钟的烟，还有各种冷冷淡淡、事不关己的服务专业人员（实际上，表现得并不专业）。作为花钱消费的顾客，我们希望得到一定的关注，至少是最低程度的关注，至少不会无人理睬。

从顾客服务这一方看来，做到这一点很容易，是不是？要是有这么简单就好了。这时候你有可能猜到，每一个顾客对于怎样才算是无人理睬都有自己的标准。他们对于在不同情况下怎样才算是无人理睬也有不同看法。

所以面向顾客的专业人员该怎么办呢？虽然一些顾客感觉无人理睬，其原因并非一线人员可以控制的（例如店里人手不够），但是多数感到无人理睬的顾客产生这种感觉，是因为管理不佳。好消息是我会为你介绍几种操作方法，使你的顾客几乎不会感到无人理睬。

但是在第 17 节讲解这些方法之前，让我们先了解一下比"无人理睬"还要邪恶的双生子，那就是"惨遭抛弃"。

16. 二号服务导火索：惨遭抛弃

多数顾客都害怕被抛弃。他们不担心男朋友或妻子离开自己，他们担心你弃他们而去。当顾客正在进行交易或处理服务问题时，他希望完成交易或者问题得到解决（或者希望知道很快就可以完成或解决）。如果你中断与顾客的沟通，没有别的比这个更能破坏他的信心了：不管你是把顾客推给另一个部门，还是你花一点时间调查这个问题。

作为顾客，我们曾经在这一点上被伤害过太多次，被顾客服务代表以各种方式抛弃过。他们让我们辛辛苦苦打一堆电话，简直像噩梦。他们说有人会给我们回电话，但根本没有，或者他们声称所给信息能解决我们的问题，但其实没有用。

从专业角度看，"惨遭抛弃"和"无人理睬"很相似，主要的区别在于，顾客是否已经和机构中的人员有所接触。顾客正在接受服务的过程中，突然他和服务机构的联系中断，这便是惨遭抛弃。这里有一些常见的顾客惨遭抛弃的典型例子：

- 顾客被晾在一边等了 10 分钟。

- 顾客在柜台前等了 15 分钟，而某个服务代表却在查库存。

- 顾客被告知交易完成后会接到电话，却没有人打来电话。

或者他们干脆把顾客忘得干干净净，而这样的事就发生在来自路易斯安那的一个叫汤姆·瓦格纳的船长身上。

设想你在飞机上睡着了，醒来的时候发现飞机里漆黑一片、空空荡荡。在 2013 年，这种事情就发生在汤姆·瓦格纳身上，他在从路易斯安那飞往洛杉矶的一架小型飞机上睡着了，当他醒过来的时候，发现机组人员居然这么粗心。他睁开眼才发现飞机里没有其他人，机舱门也已经上锁。他被困在了飞机上。

他打通手机并让女朋友相信自己没有开玩笑：是的，他真的被抛弃在一架空无一人的飞机上！他的女朋友给美国联合航空公司客运部门打了电话，一个顾客代表答复她说："女士，我们清扫了那架飞机。他不可能还在飞机上。"最终，他的女友使美联航相信他确实在飞机上，他在大约一个半小时后获救。[1]

虽然汤姆遇到的情况是一个极端的例子，但是其他不那么极端的例子每天都在上演。不论是让他们左等右等，还是把他们扔在柜台前不闻不问，反正服务代表经常抛弃顾客。对于多数顾客，这种事情发生的次数太多。结果，一说到顾客服务这件事，大家都有过被抛弃的经历。

如果你做的是面向顾客的工作，你肯定遇到过这样的顾客：他追着你问了一个又一个细节后，才准许你不再理他。"谁会给我回电话？我什么时候能接到电话？要是接不到他的电话我应该找谁？"我以前也为这样的顾客服务过。真见鬼，我自己以前也当过这样的顾客。曾经惨遭抛弃的顾客说话确实就是这个样子。

当我们谈到顾客惨遭抛弃这个问题的时候，要记住的最重要的一点就是：顾客看待时间的方式和我们不一样。如果你去经理办公室解决顾客问题，你是在积极地关注这个问题，但顾客不知道这一点。他只知道你消失了，而且你得好一会儿才能回来。当你关注下一节的方法技巧的时候，你需要留意这种理解上的差异。

参考文献

[1] Scott Stump, "'Get Me off This Plane': Man Locked in Dark Cabin in Worst Layover Ever," CNBC, December 9, 2013, http://www.cnbc.com/id/101257219. Accessed September 23, 2014.

17. 避开一号和二号服务导火索

确保你的顾客不会有无人理睬或惨遭抛弃的感觉，你首先要意识到他们的期望值，还要有意愿预先使用这些信息来避免问题的发生。首要步骤之一就是为他们设身处地着想。顾客怎样看待时间？在这种情况下，他有什么样的期望值？顾客在消费的哪一个环节需要协助？一旦你理解顾客在消费体验的不同节点上的期望值，你就可以使用不同的方法来确保他不会感觉无人理睬或惨遭抛弃。

以下有九个技巧，帮你提前规避一号和二号服务导火索。这些技巧以一种简要概括的形式呈现如下，使你可以关注整体方法，把整体方法作为服务导火索的化解之计。一些技巧在许多情况下都管用，因此需要展开更多细节。本书为一些技巧单独开辟章节，以下内容中会注明这一点。

（1）熟悉自己的行业。 在不同行业，顾客对于与服务提供者之间的接触和沟通有不同的期望。如果顾客开车使用"得来速"服务，把对讲机拉过来，等了足足一分钟，对讲机那头才有人说话，顾客很可能已经感到无人理睬。但是，如果在一家高档餐厅落座，侍者并没有在一分钟内出现，顾客不会想太多。

理解顾客对你所在行业的期望，这有助于让你明白普通顾客对你抱有多大的期望。在一家大卖场（也就是大型零售店），除非顾客需要帮助，否则他可能不会找顾客服务代表。而在精品店，不管怎么说，顾客就是希望有人招呼。了解顾客对你的行业的期望值，尽可能随时做得比被期望的还好。

（2）了解自己的公司。顾客对你所在行业的期望是一回事，你的公司给你设定的期望可能就是另一回事。你公司现在规定的服务标准一定与顾客的期望一致吗？例如，达美乐比萨店曾经有"不超过30分钟"送货到家的服务承诺。这项承诺为顾客设定出达美乐比萨何时送达的期望。但是，如果当地的比萨分店能做到45～60分钟内送到，并能达成这一承诺，顾客也不会感到不高兴。同一行业有很多家公司，但是公司之间对送货时间可能有不同的设定。

（3）不要忽略来电或者新邮件提示。电话铃声响起却不接听，这必定让你的顾客感到无人理睬。电话铃声响多少次才算多？虽然三次在服务行业里已经算很多了，但具体次数取决于你的公司类型。不管你的公司有什么标准，你都要了解并遵守这一点。

邮件的反馈时间比较主观。在需要回复邮件的各种一线岗位，你应该知道对某些类型的问询的反馈时间应该控制在多长时间之内。

对于邮件的反馈时间，确保你明白公司的对外承诺是什么，也知道你们的内部准则是什么，一直要努力做得比这些承诺和准则所要求的还好。我们将在第78节详细说明邮件顾客服务。

（4）频繁接入顾客电话。 如果你在呼叫中心从事一线工作，你可能有一整套明确规则，对等候时间和重新接入顾客电话进行管理。对于多数其他的一线岗位，电话是让顾客总是觉得无人理睬或惨遭抛弃的一个关键的接触点，尤其当电话被设定为等候接通的时候，这种感觉更加强烈。当顾客等待电话接通时，请记住顾客与我们看待时间的方式不同，这很重要。注意时间，把电话接进来。你不需要立刻解决顾客的问题，只需要让他们知道你正在处理他们的问题。

同理，当你在服务区与顾客中断联系的时候，他们看待时间的方式也不一样。如果你在库房帮一位顾客找适合她的尺寸的衣服，而且花的时间有点长，你需要返回去，和这位顾客沟通。"女士，我还剩一箱没有查找，但是箱子在货架上放着，可能要花一点时间。您再等 10 分钟好吗？如果您等不了，我可以记下您的名字和电话号码，我确定我们有没有这件货品后，我会给您打电话。"

（5）使用"10—5 规则"。 如果你与顾客相距不到 10 英尺（约 3 米），您应该与顾客有目光交流并对他们微笑；如果你与顾客相距不到5英尺（约1.5米），你应该跟顾客打招呼并提供帮助，这就是"10－5规则"。这条规则在顾客服务领域永远不过时。虽然其实这条规则仅仅适用零售环境，但是在帮助顾客使他们不会感到无人理睬这方面，这条规则是一个绝好的框架。不要被距离的远近约束。如果你在百货公司的大型家装部门工作，"10－5规则"是一条很好的规则。如果你在小型服装店工作，你的规则就变成：只要你和顾客有目光交流，你就应该微笑着提供帮助。

（6）留意服务范围内的顾客。在确保顾客不会感觉无人理睬方面，这可能是所有方法里最重要的一条。你只需要留意服务区里的情况并学会如何解读肢体语言，就能确保顾客没有感到无人理睬或惨遭抛弃。如果你睁大眼睛，你会看到哪些顾客感觉很满意，哪些顾客有些不耐烦。可能当你在帮助一位顾客的时候，你注意到另一位顾客在店里已经逛了好几分钟，却没有人接待他。这种留心使你和那位顾客主动接触，或者告诉其他服务代表需要为那位顾客服务。

（7）使用 BRWY 沟通方式。 BRWY（be right with you）代表"马上就来"。这种沟通方式有一种惊人的力量，能确保顾客不会感觉无人理睬。他们感觉无人理睬的最常见的时刻之一，就是当服务代表被其他顾客或他们的电话缠住的时候。你只需要跟顾客说一句"我马上就来"这样简单的话，这一小小举动是对顾客的认可，它可以产生巨大作用。我将在第 47 节更多地解释这种实用技巧。

（8）为你的回应争取时间。这是我最喜欢的技巧之一，但是却很少被大家提及。下面是它的使用方法：当你必须和顾客中断联系的时候，常见做法是跟他说一下："我需要和经理确认一下，我几分钟后就回来"或者"我需要和 IT 部的主管确认一下，她周二前都不在"。更为有效的是，让顾客认可你的回应时间。"女士，我需要查一下库房，我去找那件尺寸合适的衣服，您能等我五分钟吗？""先生，我们经理明早才能来，我们明天下班前给您答复，可以吗？"这些是加强版的期望设定，因为这有助于让顾客感觉他控制着整个过程，这样就软化了你需要与他中断联系这一事实。在第 53 节里，你可以读到更多为自己的回应争取时间的内容。

（9）保证负责到底。这是一种有魔力的技巧。保证负责到底意味着你把顾客的问题揽过来，并对他承诺一定有人把他的问题解决好。在你需要把服务问题转交他人或报给上一级的时候，保证负责到底尤其重要。下面是使用方法："先生，我需要联系我们的 IT 部才能进一步了解您的问题，但是我个人会跟进您的问题，确保您的问题有人处理。您是否可以允许我周三再给您答复？"保证负责到底非常有效，因为它提前规避了多数顾客需要被移交给别人时的既定反应——他们担心在这个过程中惨遭抛弃。我会在第 52 节讨论这种技巧的具体使用方法。

如果你积极主动而且有预见性地使用前面提到的技巧，它们会帮你更有效地避免所有服务导火索里威力最大的两个，你的顾客再也不会感到无人理睬、惨遭抛弃。有的时候你的公司关注顾客，但是方法欠佳，我们来看看这种情况下他们会有什么感觉。

18. 三号服务导火索：麻烦多多

回顾第 11 节的内容，你就会发现，现代生活的节奏使普通消费者压力过大、缺乏耐心。尽管人们创造出一些手段和装置来节约时间，生活也没有变得更轻松。

现代生活充满麻烦，所以对给人们制造麻烦的公司，人们比以前更敏感。"您必须来我们办公室填这张表格。""您必须把您的记录传真过来，不能用邮件发送。""只有我们的财务部能给您提供这些信息，但是他们周五不上班。""顾客麻烦"另一种更正式的叫法是"顾客费力"，这是公司和消费者之间的一个大问题，而且这是一个应该被注意到的很重要的服务导火索。

马特·狄克逊、尼克·托曼和里克·德利西三位作者写了一本很棒的书，书名叫《毫不费力的消费体验》（*The Effortless Experience*）。在书中，他们提出这样一个前提，即顾客忠诚度的一个重要影响因素就是顾客和一家公司交易的不费力程度。"好打交道"的说法已经存在了很长时间，它不是一个新概念。这些作者通过调查证明这不仅是一句口号，而且是很多公司以及面向顾客的专业人员都应该欣然接受的一种理念。

该书作者的研究有一个惊人发现：那些说他们有过很费力的消费体验的人中，有 96％ 都回应说，以后他们不会再光顾给他们带来糟糕体验的公司。[1] 作为一个商人，当我听说 96％ 的消费者都觉得这很重要，我就会很注意。作为面向顾客的专业人员，你也应该注意。

我们讲过这样一条原则，即让顾客在消费中遇到的麻烦越少越好。我们来看一看实现这一点的三种具体方式：

（1）找到顾客最大的麻烦。 第一步就是要明白你的顾客觉得什么是麻烦，什么不是麻烦。一些麻烦微不足道，一些麻烦却事关重大。一些麻烦频繁发生，一些麻烦却几乎从来不发生。集中精力去处理发生最频繁、给顾客带来最严重服务问题的那些麻烦。想想你和你的同事在服务第一线收到的那些投诉，你很快就会意识到，哪些接触点给顾客带来的麻烦最大。一旦你找到这些接触点，请着手寻求解决方法，帮助顾客在那些关键接触点享受到更轻松的体验。

（2）知道自己有什么机动性和权限。 在与一线员工共事的过程中，我注意到这样一个模式：他们不清楚自己的权限。"我不知道公司允许我这样做"是我们时常听到的一种说法。既然你已经思考了顾客经历的主要麻烦，那么问问自己怎样才能让他们的情况好些。你是否可以提出用邮件把表格发给顾客？这样他就不用等着你去后面的办公室取表格了。公司允许你这样做吗？做到这一点很容易吗？如果你不清楚你可以做什么、不可以做什么，那么找经理谈谈。你为了让顾客的消费体验轻松些，而花一些时间去了解规则和自己可以做主的事，这会让你得到多数经理的赞赏。

（3）知道你们的操作系统的功能。 光知道自己能做什么还不够，你还需要知道你的操作系统可以做什么。最近我去过一家冷冻酸奶店，过程中我看到他们落实了这条准则。这家酸奶店的特色是自助购物。你选择各种口味和浇头，在结账处他们给你的杯子称重。当我站在收银台等我妻子选好她的那杯酸奶时，柜台服务人员说要给我的杯子称重。我担心其他人比我妻子先来到收银台，我还得让排队的人干等，但是柜台服务人员告诉我这没关系——她称完我的杯子后可以把信息存在结账系统里。这家冷冻酸奶连锁店的系统使我不用站在柜台前等候，但是只有在收银台的服务人员知道怎么用这个系统，而且她也很愿意这样做的时候，这个系统才能实现这个功能。我以前在同一家连锁店经历过相似的情形，但是柜台人员没有提供过这种服务。要确保自己知道该怎样使用公司的系统去帮助顾客，还要确保你自己真正去使用这些系统。

帮助你的顾客避免产生这种"麻烦多多"的感觉，这对于创造"英雄级别"的顾客经历有不可思议的重要作用。调查结果一目了然：当顾客在我们公司购物的时候，越让他们费力，顾客忠诚度就越低。如果帮助顾客享受轻松的消费体验，你就会发现他们光顾生意的次数多了，投诉的次数少了。

参考文献

[1] Matthew Dixon, Nick Toman, and Rick Delisi, "It Doesn't Pay to Delight a Customer," CEB, http://www.executiveboard.com/exbd/sales-service/effortless-experience/about/index.page?. Accessed September 23, 2014.

19. 四号服务导火索：遭遇无能

你需要解决某个服务问题，结果接待你的人根本就不知道自己能做什么，还有比这种事更让人灰心丧气的吗？当你赶上工作人员无能为力这种事，真是糟透了。好吧，"无能"是一个很刺耳的词，但是如果你在与顾客沟通的第一线工作，你就会听到它。所以我想澄清一下我们在这里探讨的无能是什么。我们真正探讨的是顾客对于"能干"的定义，而这种看法在很大程度上与顾客的期望有关——不管是符合实际的期望，还是不符合实际的期望。

例如，银行的顾客感到不悦，可能只是因为第一个开口为他服务的人不能解决他的问题。顾客可能认为这个工作人员很无能，即使这仅仅是因为根据安全规定，这位职员没有权限得到顾客需要的信息来解决他的问题。这很不公平，但是顾客可能就是这样理解当时的情况。

当然，顾客也不总是对"无能"看走眼。有的时候，服务代表的确不知道怎样解决问题，或者不清楚自己是否拥有解决问题所需要的权力。有的时候，他是一个新手，经验丰富的工作人员去吃午饭，而他只是代一会儿班。此外，顾客不仅在他们觉得工作人员无能的时候才有所反应，在认为整个服务机构无能的时候，他们也会有所反应。无能把错误放大。所以如果顾客曾经和机构中一个无能的人打过交道，未来出现的错误可能就会被放大，即使到那时接待顾客的是机构的最佳阵容也是如此。而且未来不管是谁犯了错，都会强化顾客的认知，加深他觉得这家机构做不好事情这一固有看法。

正如你所看到的，"无能"这一话题有很多层次，这个词也不一定用来表明对服务专业人员的能力技巧的判断。即使当服务代表缺乏必要的技能来完成特定任务的时候，这也不表示整体来看他是一个不称职的专业人员，或者他不是一个有能力的人。这仅能表示他有缺点需要改正。

所以如果对于"能干"的看法在顾客头脑中如此根深蒂固，你在一线工作时要怎样做才能确保不会点燃"无能"这个服务导火索呢？

（1）做到最好。"工作中有没有一些领域让我觉得很吃力呢？""在一些员工职能方面，我是否感觉不够得心应手呢？""我让顾客觉得失望，是因为我没有解决问题的技术、知识或者权力吗？"如果你的回答里面有"是"，不要觉得失落。每个一线服务代表都可能对以上问题回答"是"。没有任何培训项目能做到尽善尽美，也没有任何培训手册能包含可能出现的所有情况。

找到自己觉得不够得心应手的领域后，找经理并要求得到那方面的培训。不要感到压力过大。视具体情况而定，所谓的"培训"可能只是一次简单的交谈。"发生过顾客想使用旅行支票的事，以后我应该怎么处理这种情况？"

观察更有经验的服务代表是怎么做的。如果你的团队里有一些技术高超的成员，仔细看他们怎样处理你觉得不能处理的那些情况，然后和他们聊聊。如果你向别人寻求建议，多数人会觉得很荣幸。如果在你所工作的环境中，大家互相竞争来赚取销售提成，你可能遇上一些并不愿意帮你忙的人，但是多数情况下，人们乐于分享他们的知识来提升自己的团队。毕竟你越出色，他们的工作就越轻松。

(2) 把顾客送到合适的地方去。如果你不能解决顾客的问题，确保你知道要把问题迅速解决，该把顾客送到哪个部门更合适，或者把顾客交给哪些人更合适。在第20节，我们将讨论该怎样做才能避免把顾客推来推去。一个首要的做法，它能使负责工作流程中一个服务环节的你看起来称职，并让你的整个机构看起来能干，那就是第一时间把顾客送到合适的部门，交给合适的人处理。

(3) 重塑顾客观点。虽然顾客的所有感觉都与他们的看法有关，但是"能干"似乎尤其主观。因此，帮助顾客重塑观点可以作为一个有效方法，有助于重新设定他们的期望以及他们对"能干"的看法。我们将在第63节更详细地讨论观点重塑这一内容，现在提供两个可以快速掌握的诀窍：

第一，如果你是新来的人员，告诉顾客这一点。在刚开始从事一项工作的时候，所有服务代表都不能完全胜任工作。幸运的是，多数顾客都能理解这一点。如果你是新来的，不要不敢承认，顾客通常会对你高抬贵手。记住，你应该告诉顾客你是新来的，这有助于让他更好地理解之后发生的情况，而不是在为后面的情况找借口。如果你感谢他们的耐心等待，不要表现得像在给自己找借口，多数顾客对此非常通情达理。

第二，让顾客明白，他碰到的服务问题并不是你的公司提供服务时经常出现的情况。简单的一句"这不是我们通常的表现"就能帮助顾客改变他对你和公司的看法，使他不会觉得你们太无能，而是觉得只是出了一个错。人们更能容忍错误，因为他们知道错误不一定再次发生。认定"无能"的看法更有破坏性，因为这种看法会影响到顾客对你们公司的整体看法，在他们遇到相似问题后还会产生相同的看法。

遭遇认为的或是实际的"无能"，对多数顾客来说都令人崩溃。请尽力确保你的服务技能够全面，而且当你解决不了问题的时候，你知道怎样正确引导顾客。当然，你自己能解决的问题越多越好，因为如果说有一件事是几乎所有顾客都痛恨的，那就是被推来推去。

20. 五号服务导火索：被踢皮球

以下这种事每天发生上千次，或许上万次。顾客打零售店的免费客服电话想解决一个问题。他遇到一个很友好的服务代表，和他在电话里讲了几分钟。服务代表问了很多问题，记下相关信息，然后告诉顾客："请不要挂机，我们为您接通我们的投诉部，他们应该能帮得上您。"

我们当然知道顾客被送到投诉部后会发生什么情况：他不得不复述一遍所有信息。投诉部的代表很乐于服务，但是等顾客说完全部情况后，才发现这位顾客是钻石级会员。顾客需要打钻石级会员的电话号码，而不是常规的电话号码。

到了这一步，顾客的感觉已经不仅仅是受挫。他拨通钻石级会员的电话号码，电话里一个温和的服务代表说："先生，很高兴为您效劳。如果您能把问题描述一下，我保证能把您转交给合适的人来解决您的问题。"然后服务代表会不明白为什么顾客当时就对他大发雷霆。

被推来推去是多数人一点就着的服务导火索。在多数行业，用来描述把顾客送给别的部门或服务人员处理的说法是"转交"。每一次你转交顾客，你都自动地营造负面体验。顾客体验分析公司 Click-Fox 做过一个调查研究，该公司员工交给顾客一个服务交流的列表，问他们哪些交流给他们最大的受挫感。41%的顾客都回答说，"不得不和好几个人员说同一件事，每一次都得重说一遍"让他们感觉最苦恼。[1]被推来推去确实是很多人的一个敏感的服务导火索。

与之相应，要持续提供优良的顾客体验，其中一个最好的方法就是把转交顾客的次数降到最低。要做到这一点，首先要从管理入手，制定体系和流程，减少顾客被转交给他人的理由。在服务区，服务代表可以有效地使用这些体系，积极主动地抓住机会，在不转交顾客的前提下帮助顾客解决他们的问题，或者让必要的转交尽量轻松舒服。通过使用以下方法，你不仅可以把转交次数降到最低，而且可以更有效地把顾客转交给他人。

(1) 了解自己的同事和公司基础设施。 显而易见，你无法改变公司的主要操作系统或安全规程（虽然你可以就那些妨碍你提供优质顾客体验的障碍，为管理层提供有建设性的反馈）。但是，如果你知道有那么多种方法可以为你赋予能力，从而最大限度减少转交顾客的次数，你会大吃一惊。

例如，我们打比方说你在一家大型工具商店工作，你和你的团队是不是可以总结出一个非正式列表，列出员工具备哪些特别知识呢？也许吉姆兼职经营一家割草机修理店，有了割草机方面的问题，他就是你要找的人。也许帕姆曾经在苗圃工作，有了园艺方面的问题，她就是你的好帮手。除了了解同事的才能，了解操作基础设施的内在权力分配机制也很重要。尽量弄清楚保管钥匙的人、部门主管或副经理都有做什么事情的权力。所有经理都听他们的服务代表说过类似这样的话，"哦，我还以为只有你才有资格处理那些事。"想想看：如果保管钥匙的人当时就能解决的一个顾客问题，你可不想等到周一才把它摆在经理的桌子上。

(2) 让顾客做好被转交的准备。你把自己的事情一股脑告诉一位顾客服务代表，结果你讲完后她却说，你得跟别人再说一遍，还有什么事比这更令人恼火的吗？你可以尽早告诉顾客，自己并不是协助顾客得到最终解决办法的那个人，这样你就可以避免让这个过程变得太有火药味。确实，想做到这一点也不是那么容易的一件事。（在第 62 节可以找到解决这个难题的具体方法。）

一旦你使顾客明白你必须把他转交给其他人，尽量给他提供一种期待，让他知道他的问题什么时候、在什么地方、会以什么样的方式得到解决。这是个敏感话题，因为（我们干脆明说）有些服务代表会避免与顾客说这番话。他们知道顾客不会对这个过程感到高兴，把顾客送走等他们在被转交以后再发作，这样会比较轻松。不要做这样的人。你和顾客说这一番话后，你可能需要面对不那么平静的局面，但是多数情况下，比起后来他经历这个过程时的反应来说，你说这件事的时候，顾客做出的反应还不算太激烈。

(3) 让下一个服务代表做好准备。在可能的情况下，你需要让即将接待顾客的服务代表为转交做好准备。告诉服务代表顾客叫什么、有什么问题，以及和接管问题人员相关的其他任何数据。可能的话，亲自把顾客交给下一位服务代表并协助转交。在顾客服务行业，这叫"温馨转交"。关键的速成法就是确保下一位服务代表可以做好有效帮助顾客的准备。

被推来推去是消费者最恼火的一件事，这也是很多顾客爆发愤怒情绪的导火索。然而转交不可避免。顾客不是总能一下子就在合适的地点找到合适的人，得到合理的回答。管理层和团队成员需要一起努力，找到方法能预先使转交次数降到最低，或者让转交尽量有效。在有必要转交的时候，一定要明白，哪怕是一次转交也会让顾客觉得恼火，务必使用前面说到的技巧，帮助他们在转交过程中感觉轻松舒服。

参考文献

[1] ClickFox, *Customer Tipping Point Survey Results*, http://web.click fox.com/rs/clickfox/images/cf-survey-results-customer-tipping-point-2010vs2011.pdf. Downloaded September 23, 2014.

21. 六号服务导火索：深感无力

你可能读到过很多文章，声称顾客享有更多权力以及社交媒体的曝光很有威力，但是我的看法是，顾客比以前任何时候都更无能为力。事实上，顾客通过社交媒体表达出大部分心声，正是因为他们在和公司交流的过程中感觉到无能为力。

让我们面对这样一个现实：公司规模越大，在很多情况下，公司就越缺乏人情味。截至 2013 年，美国最大的五家银行持有银行业总资产的 44％，这一比例在 2000 年的时候是 23％。这就意味着在不到 15 年的时间里，这五家顶级银行在整个国内银行市场中的份额几乎增加了一倍。[1] 与此相似，在 2003 年，排名前四的手机运营商占据了 61％的市场份额，而这一比例在 2013 年增长到 93％。[2] 从航空业到宽带互联网业，消费者的生活在很多方面都变得越来越依赖超大公司。虽然公司大不一定意味着服务差（一些大型公司提供的顾客服务很优质），但是这种趋势带来一种聚合效应：顾客得到的选择更少，顾客关系也更没有人情味。

以常见的政府或公共事业公司这些垄断性机构为例，在和政府机构或某个公共事业公司打交道时，你感到彻底失望，毫无招架之力，似乎任人摆布，而它们的员工毫不关心，毫无感情，就好像这辈子他们从来就没有接受过任何的客服培训或训练似的，谁敢说一次都没有碰到过这样的情况？如今，在越来越多的行业中，顾客正越来越频繁地经历这种失望和无力感。

仅仅在几十年前，当顾客有什么问题需要解决的时候，他们还能走到街角的市场或小镇银行，和经营者面谈一番。确实，你也不总是能得到"红酒和玫瑰般"的礼遇——在一些小镇，银行业也存在垄断。一些街角店的店主很不讲道理，但是顾客整体上更有权力。现在的情况不复从前。

正如我在第14节里提到过的，大多数服务导火索来源于之前的经历，而人们在以顾客身份与一些公司打交道时，越来越多地受到一种缺乏人性化的关系的主导，这是美国的多数消费者有过的共同经历之一。也不是说所有的大型公司都是如此，但是与从前相比，顾客确实感觉自己更加无能为力了，对让他们产生无力感的公司和一线工作人员，他们的反应也更敏感。

在本章前面的各节中，我们讨论过解决特定服务导火索的具体方法。这里的服务导火索和前面的不同，对付它更多需要态度上的转变，而不是某种具体技巧。解决方法在于认识到顾客的无力感，并给予顾客高度的关注，这样顾客就知道在这家公司有一个英雄般的人物为他们提供服务。避免触发顾客无力感这个服务导火索，最简单的方法就是确保顾客知道他不是孤立无援的，绝对不要让他感觉他只是服务名单上的一个数字编号。

参考文献

[1] Hester Peirce and Robert Greene, "The Decline of US Small Banks (2000–2013)," Mercatus Center, George Washington University, February 24, 2014, http://mercatus.org/publication/decline-us-smallbanks-2000-2013. Accessed September 23, 2014.

[2] Jon Metzler, "6 Years After the iPhone Launched, Just 4 Big Carriers Are Left Standing," VentureBeat, July 8, 2013, http://venturebeat.com/2013/07/08/iphone-carrier-consolidation/. Accessed September 23, 2014.

22. 七号服务导火索：不受尊重

"尊重"这个词算是英语语言中最重要的词语之一，同时这个词也是最无意义的词语之一。很明显，尊重的概念对于顾客服务来说至关重要。如果顾客感觉自己没有受到你或公司中的什么人的尊重，那么在消除他不被尊重的感觉之前，你做什么都无济于事。不过，虽然尊重这个概念很重要，但是这个词也接近于毫无意义。我们知道这个词的广泛含义，但是每个人对尊重的看法却不尽相同，以至于在实际操作中不可能拟定一个如何尊重顾客的明确框架。

虽然有这么大的挑战，我们还是要讨论一下不受尊重这个服务导火索，因为一旦触发这个导火索，由此引发的灾难性后果既会影响到公司与这位顾客的关系，也会影响到你和这位顾客的交流。由于每个人对"不尊重"的看法不同，想提前预防这一点尤其困难，你永远也不能真正明白某人会把什么看作不尊重，所以避免触发"不尊重"导火索的最简单的方法就是时刻展现尊重：做那些很可能让多数人觉得受到尊重的事情。总的来说，这就意味着使用贯穿本书后文的顾客服务的核心观念，包括做出诸如微笑、注视、说"谢谢"等一些明显举动。在顾客服务中，彬彬有礼和专业素养的基本功是构建尊重的基石。

很明显，你不可能保证百分之百不出纰漏，所以你需要懂得，当有人觉得不被尊重的时候你要怎么做。我们的顾客如果感觉未受到尊重，总是会让我们知晓他们的感觉的。有的时候，他们直接说："你不尊重我。"或类似的话。还有的时候，他们使用暗示性的语句，比如"你们的服务代表很没礼貌"或者"你们公司不重视我"或者"你为什么让我忍受这种服务"。顾客通过使用这些语句来告诉你，他觉得自己不被尊重。这种不尊重来自你、你的团队或是你的公司。

一旦顾客有未受到尊重的感觉，你就应该接收他们发给你的信号，这时候你用表示尊重的语言做出回应就很重要。一个诀窍就是确保把"尊重"这个词融入你说的话里："对于我的同事让您有这种感觉，我很抱歉。我了解他对顾客十分尊重，而且他绝对不会故意对您不尊重。"而且当你觉得顾客有未受到尊重的感觉时，你要确保使用诸如"重视""感谢"和"重要"这些关键词："我们很重视您的光顾，虽然这种情况下我们没有对您显示出足够的重视，但是您对于我们来说很重要。在此，我希望您务必明白我们是多么感谢您的光顾。"

在本书后面的几个部分，我们将探讨沟通技巧和应对困难处境的方法，你将会学到一些极其有效的语言和技巧，来应对顾客感觉未受到尊重时的情况。对现在而言，要记住的最重要的一点就是：积极主动地帮助顾客感觉到被重视、被尊重，这是确保他们不会感觉未受到尊重的第一步。

Be Your Customer's Hero

第 4 章

做一个很棒的团队成员

23. 团队合作很重要的原因

"我为什么要加入团队呢？我来上班，把我自己的工作干好，然后我就回家。故事讲完了。"你肯定以前听别人这样说过，或许你甚至对自己这样说过。令人高兴的是，如果这是你的处世哲学，不仅只有你一个人是这样，很多其他的人也有同感。不过，如果你有这种想法，你工作的时候可能永远都不开心，不管你去哪儿工作都一样。

人是社会动物，我们需要其他人。除非你生活在野外以石头当工具，否则你每一天都需要依赖别人。"我不需要任何人，我自己照顾自己。"我听过有人骄傲地这么说。你开的车是自己造的吗？你吃的蔬菜是自己种的吗？你穿的衣服是用自己纺的布做的吗？在社会中，这些最常见的事物使我们明白，我们需要依赖他人。

在我们的机构中，我们也依赖别人。不管你是否心甘情愿，你和同事都被捆在一起。经济为我们的团队生活提供了一个贴切的类比。我们经济的健康状况建立在很多复杂因素的基础上，对于这些复杂因素有很多不同观点，然而多数经济学家都会认同的是：对健康的经济有首要贡献的因素就是对其他人的所作所为抱有信心。当店主确信消费者会买他们的产品的时候，他们会雇用更多的人。当受雇的人花他们的工资购买产品、享受服务的时候，其他的公司就能雇用更多的人。在任何群体中，当个体相信其他社会成员也在做同样的事的时候，他们更可能采取积极行动，让大家受益。

团队运作也遵循类似的原则。团队的成功依赖于对其他人行动的信心，而且依赖作用很大。如果莎拉觉得詹妮和约翰都没有做好自己分内的事，她不努力工作的可能性就更大。当玛利亚看到弗兰克在偷懒，她可能就要开始琢磨自己是不是唯一一个在服务区里干活的人。最终，这种心态会给公司和公司的顾客带来负面影响。

社会和经济虽然把我们捆在一起，但不会阻止我们个人的成长。不论时运好坏，每个人都有机会获得成功。但是对于多数人，整体经济——整个团队——运行得越好，个人获得成功就越容易。同理，某个人充当团队的一分子，不会让他丧失独立性或无法自给自足，这仅仅意味着团队强，他也会更强。公司做得越好，公司中每个人获得成功的机会就越大。就像俗话说的，水涨众船高。虽然这句话不总是对的，但是它很明确地提醒我们：你的团队做得越好，你就做得越好。

这就是团队合作很重要的原因所在。团队的表现越好，顾客的满意度就越高，生意就越好，你的工作就越轻松，而且更多机会也会降临。"英雄级别"的顾客服务不能脱离团队合作而存在，然而很少有一线顾客服务方面的书谈到这个关键话题。这一点很好理解，因为关注团队合作，就必须对心态和技巧进行同样多的探讨。关注团队的话，你就必须面对一个令人不太舒服的现实：你其实只能控制自己的行动，而无法控制其他团队成员。

　　下面我们将探讨成为出色团队成员的一些方法，还有你怎么帮助自己的团队成为一个更高效、让人更乐意身在其中的团队。先来看看团队成员面对的最大挑战之一：当某个队友没有做好自己分内的工作时，你该怎么办？

24. 拿出更高水准，不要降低要求

　　最终，你将和蠢货共事，你将和偷懒的家伙共事，你将和骗子共事。这样的事谁都会遇到。有时候，这三种特性会汇集在同一个人身上。与糟糕的人同队作战是最让人灰心丧气的，让你很难成为优秀的团队成员。这些类型的同事——我们就不称其为队友了吧——把团队的能量都耗尽，也使服务区的日子不好过。他们不愿成为团队一员，他们只在乎自己。

　　当你和只顾自己的人共事时，确保不要使自己降低到他们的水准，这是难点所在。这些同事有毒，像地心引力一样把一切都拉向他们自己。他们能把你轻松卷入他们的旋涡。"詹妮上周闭店的时候没有收拾销售台。让她也见识一下乱糟糟的销售台，我们就等着瞧吧。"这是人的自然反应，我们的一生中会经历很多这种时刻。如果你不干好你的事，我为什么要干好我的事呢？问题在于，很可能你的行为影响到的可不只是詹妮一个人。我们来看看当你打算给詹妮一个教训的时候，会发生什么事情：

● 第二天，除了詹妮需要整理你故意留给她的烂摊子外，别人也要一起整理。她被派到库房去干活，然后只能是你的朋友吉姆来打扫。

● 还没开店门，电话就已经响得像要从桌子上跳起来，所以开店营业后的两个小时，销售台一直没人收拾。早上来店里的顾客看到了凌乱的销售台，对你们的公司产生糟糕的印象。

● 你的经理看到销售台后查了一下昨天晚上是谁当班，就是你，而下一周就是你的年度评估和加薪的时候。现在是谁受到影响了？

当你的同事没有做好自己分内的工作的时候，是不是会让人感觉不爽？这是肯定的。在多数工作中，问题同事离职或被解雇还需要花点时间，这是现实情况。这就意味着有时候你必须忍受团队中偷懒的家伙，有时候忍受的时间长度会超出你的意愿。我想补充一点，不是说只有一线员工才需要应对这种挑战。这种局面在公司的所有层次上都会发生。从第一线到管理层，总是有人不劳而获，搭乘团队其他成员努力驾驶的顺风车。你还不如学习怎样处理这样的情况，因为这不过是工作的一部分。

用什么具体的方法来应对管理失控的团队或者偷懒的同事？这个问题超出了本书的讨论范围。一个健康的团队对你的成功至关重要，对你提供的顾客体验至关重要，对你所在公司的健康也至关重要，这才是我希望你从这一节中能学到的。每当你的团队出现一个偷懒者时，这样问自己：别人是烂队友，我干脆也变成烂队友，这是最好的解决之道吗？你已经知道答案了。想办法拿出更好的表现，超越那些表现差劲的队友，确保有力支持那些和自己并肩站在第一线的团队成员，给顾客优质的服务体验，让工作更舒心。虽然你可能时不时有吃亏的感觉，但是多数时候，成为优秀团队成员本身就是一种回报。

所以，我们下面要集中讨论在服务工作的第一线成为一名优秀团队成员是何种样子。

25."该上场演出了"

我的父亲是一名零售经理,后来做了批发分销行业的企业家。在我长大成人的过程中,他用了很多生意经。其中的一条尤其突出,算得上所有面向顾客的专业人士的终极职业道德:该上场演出了。

那时候,只要涉及有关生意上的事情,我父亲的个人感觉就不再重要。不管是马上要病倒,还是因为缺觉快撑不住了,即使是在干完一天活之后还有一个会要开,他也会放下一切与生意无关的感觉。"表演"时间一到,他就把其他所有事情都抛在脑后。

如果我父亲没有处于百分之百的状态,他会停下片刻,然后再步入会场或接听电话。他会笔直地站着,微笑着说:"该上场演出了。"(他年轻的时候是一位职业音乐家,所以他想事情的时候总是用演出行业术语。)我父亲深知一名合格的服务人员应该具备的素质,就是做生意的时候表现出自己最好的一面。顾客们值得看到他最好的一面,他的供应商值得看到他最好的一面,他的同事也值得看到他最好的一面。

对于面向顾客的岗位，"演出"这种看法的作用表现在两个层次——你站在顾客面前的时候，以及你在工作却不需要站在顾客面前的时候。迪士尼公司创造出了我们可称之为传奇的顾客体验，一个方法就是把整个体验看作一场表演。迪士尼把雇员叫作演出成员，把面向顾客叫作上台表演。西奥多·金尼在他的《做我们的贵宾》（*Be Our Guest*）一书中是这样解释"上台表演"这一概念的：

> 迪士尼主题公园和其诸多演出成员对于上台表演和下台休息有清晰的划分。用迪士尼公司的话说，当演出成员处于公园的公共区域，出现在客人面前时，他们就算在台上表演。当他们在布景幕后的时候，客人看不见他们，他们才算下台休息。[1]

上台表演这一想法很重要，因为它设定了一种期待：当你处于服务区或站在顾客面前的时候，你就要拿出一本正经做事的样子来。这不是说让你表现得不真诚或不做真实的自己，而是说行为方式要有利于你的环境并有助于提供优质的顾客体验。

"演出"这一概念也适用于你下台休息的时候。当你没在面对顾客的时候，你的行为可能稍显放松、随意，但是作为最佳队友，就意味着需要记住：自己从走进公司大门的一刻到走出公司大门之前都在工作。这意味着当你进入工作场所的时候，就要把个人生活留在门外面，比如孩子日托、亲人生病、谈恋爱不顺。谁家都有事，当你来工作的时候，这些都不重要。该你"上场演出"了，你就需要把个人问题抛在脑后。

我不是让你表现得冷漠。总有一些事情发生，足以击垮我们：父亲或母亲一方刚刚去世，收到房屋清退的通知，为即将到来的手术做准备，这只是举出其中的几个例子。但是如果你通常把个人事务留在工作之外，当这些少见的糟糕的事情发生的时候，经理和队友都将表示理解。如果你每一天都是一本正经做事的样子，当你做不到这一点的时候，你的同事就会明白事情的严重性。

如果你想提供"英雄级别"的服务，推进自己的职业发展，成为一位受人尊重的团队成员，那么你首先要做到的是，确保自己上班的时候拿出一副专业面孔。

记住：当你走进公司大门，你就该"上场演出了"。

参考文献

[1] Theodore Kinni, *Be Our Guest: Perfecting the Art of Customer Service* (Disney Editions, 2003), Kindle ed., ch. 1, sec.: "Defining Practical Magic," loc. 208.

26. 衣着成就服务代表

不管你穿自己的衣服上班，还是穿公司的制服上班，你的衣着打扮都会大大影响顾客对你和你的公司的看法。正如我们将在第 32 节讨论的内容，顾客一看到你就无意识地迅速做出判断，也就是说他们会给你的外表（和你的语气）评分。面部表情、头发、姿态和文身都影响别人对你的看法，也会影响他们觉得你是否讨人喜欢、是否能干。衣着是别人对你的印象的最大影响因素。就像一本 20 世纪 80 年代的商务书的书名所说的，你必须为成功而穿衣打扮。

我们先讨论你们很多人可能都会有的想法。为成功而穿衣打扮？你想让我穿上一身礼服在服务区工作吗？当然不是。事实上，在工作场合穿得过于隆重，会分散顾客的注意力，让他们感觉很不舒服。你的目标不是穿得隆重，而是穿着得体。

如果你上班的时候不穿制服，你的灵活度就比较高。你的目标应该是成为服务区里让人看着顺眼的工作人员，衣着当然要在合理范围之内。你绝对不希望穿得过于正式，你只是想成为外表最佳的几个人之一。

如果你上班的时候穿制服，很明显你的灵活度比较低。大多数时候这是件好事。比起自己搭配衣服，穿制服更省钱，而且不费时间。潜在的问题在于，一线服务代表往往不像对自己的衣服那么经心，任由自己的制服变旧破损。这种做法是不对的。

关注衣着的关键很简单，确保以下几点：

- 衣着干净平整。

- 衣服大小合体。

- 衣服无掉色或破损。

- 适当的时候，把 T 恤衫塞进裤子里。

- 鞋子看起来干净，适当的时候把鞋擦亮。

- 衣服和配饰搭配合适，符合行业要求规范。

- 首饰符合行业要求规范。

你的目标是看起来干净、专业。你的目标不是显得与众不同，而是为你的队友们注入信心，让你的经理和顾客相信你的能力。

我想特别说明一点，我明白这个话题有经济方面的因素。买衣服需要花钱。越高档的衣服价格越昂贵。但是，我认识很多一线工作人员，他们用有限的预算也能穿得很精神。他们穿衣服有创意，把单件衣服混合搭配，并且用心打理衣着。很明显，你的衣服应该适应你的工作环境。但是总的来说，不要总是担心自己的衣服不是最新款式，也不要担心自己的衣服品牌不够高档，穿得整洁、专业就可以。把得体的外表当作对自己很重要的事对待，尽自己所能做到最好。

不管你是做什么职位，推销保险人员也好，百货公司职员也好，衣着都很重要，它们总是能够帮助销售代表取得成功。

27. 一贯保持专业态度

以前培训结束的时候，总有人问我："对你而言，专业意味着什么?"你也许能想到有多少人回答，就有多少种答案。就像其他模糊的概念一样（例如尊重），专业来自个人的看法。不过，一些特定的信条似乎适用于几乎所有公司的所有人。

我相信以下每一条典型特征都是专业素质的组成部分。

- 守时。

- 使用得当的语言。

- 完成预期的工作职责。

- 有专业外表。

- 不说顾客、同事或经理的坏话。

从管理角度来看，专业素质对经理和主管太重要了，我花再多篇幅解释这一点都不为过。你也许是最聪明、最勤奋的雇员，甚至是服务区里最讨人喜欢的人，但是如果你的行为不够职业化，特别是在顾客面前表现得不专业，多数称职的经理都不可能对此视而不见。这一表现会抹杀你所做的所有积极的贡献。行为上的专业表现是你入职的必考项，因此此你需要重视。

如果你在读这本书，我就知道你很在乎提升自己，也很想提升自己。有的雇员一片好心而且通常工作表现良好，然而行为还是不专业，这是经理最难解决的挑战之一。这种事情时有发生。我见过一些雇员好心好意，技术熟练，却行为不专业。这种行为通常不是因为玩忽职守造成的，而是由于缺乏专注和意识造成的。这里列出几种我见过的不专业的无心之举：

- 当着顾客的面和团队其他成员言谈不当。
- 没有马上对顾客表示关注。
- 在和团队其他成员相处时没有尊重个人空间或专业界限。
- 在休息室过多透露个人信息。

在乎自己的工作表现而且希望表现良好的人，有时候有不专业的举止，这只是因为他们自己过度放松或者不够专心。这样的情况谁都难免。

重要之处在于意识到什么是专业表现，什么是不专业表现。要一直牢记迪士尼的"演出"概念。上班时可以谈论你的周末活动（好吧，那些体面的周末活动），但是如果顾客能听到你说的话，这样做就不可以。与之类似，你回家以后可以发牢骚，说某个顾客好斗易怒，但是在休息室里这样发牢骚就不行。好吧，你要说自己是一个直率的人，那你就说吧，但是要有一个不能逾越的界限。

最后一点，专业关乎自律和自控。你知道专业人员看起来是什么样子。如果你想让别人知道你是一名专业人员，想让他们像对待专业人员一样对待你，你就必须在工作中达到自己认同的专业化标准，即使这需要你偶尔管住自己的嘴。

28. 为下一班人的成功做好安排

在很多的一线岗位，团队里会有别的成员和你做一样的工作，你会直接影响到他们，却从来没有见过他们。这些人是和你倒班工作的队友。不管怎样排班，为下一班的成功精心安排，这是想成为最佳队友的人应该做到的最重要的事情之一。你负责开店营业的时候确保一切就绪，好让他们晚上顺利闭店；你上周中的班，下班前给周末的同事做好铺垫。做到这些，你就能确保接班的团队成员做好顺利开展工作的准备，有充分的时间积极主动地解决潜在的问题。

为下一班同事的成功做好准备可以这样总结：确保服务区一切就绪；评估下一班人员可能需要了解的内容，好让他们不至于有服务盲区。你的公司可能有交接班的基本流程清单，除此以外，下面还列出了几个具体的问题，问自己这些问题有助于你为下一班的成功而做出安排：

● 你可以预料到什么问题，好让下一班同事为此提前准备？

也许你注意到，顾客看不清销售牌上的字导致了很多服务问题。

你应该和经理讨论更换或去掉这些销售牌，以免出现大量问题让下午班的人措手不及。

● 你当班时有没有未解决的顾客问题？例如，一位顾客在前一天晚上有关于退货的问题。记录单上写着顾客下午3点以前一直在开会，所以上午班的人员不能给他打电话解决问题。下午班的人员也需要对此知情，才能处理好这种情况。

● 你当班时出现什么操作问题有待解决？玻璃清洁剂是不是用光了，所以你没有擦展示柜？让下一班人员知道你不是故意不擦展示柜，告诉他们得找个人趁着生意不忙的时候赶紧去商店买清洁剂。18号结账台的扫描枪是不是坏了？让下一班人员了解这个情况，这样就不会在给头一个顾客结账的时候才发现扫描枪坏了。

当然，关于每一班人员需要做什么，班上每一位团队成员的预期工作内容，每个公司和每个经理都有不同的要求。不管值什么班，你都很可能有一套明确的职责和工作程序。但是不管你在哪里工作，清单一经确定，你总是可以更进一步问自己上面的类似问题。如果你花一点时间未雨绸缪，想想下一班人员可能会遇到的潜在问题（而且如果另一班人员也能做到这一点），你和你的队友就会发现，在自己当班的时候更容易应对不同的情况。

29. 顾客资料记录至关重要的五个原因

你想不想知道，如果公司有"英雄级"的顾客服务文化，那么一个至关重要的标志是什么？顾客资料，是的，我说的就是顾客资料记录。

在此，我们不妨实话实说，资料记录是一项很烦的工作，我真的不知道该怎样让它更有趣。但是我能做到的是，告诉你好的资料记录是多么重要，如果你想成为一名优秀的客服人员，如果你想让你的顾客的生活不那么复杂，如果你想让你的工作轻松一些，那么做好顾客资料记录吧。

资料记录是以顾客为中心的机构获得成功的秘密要素之一，这方面很少被人谈及。如果我和店主或经理交谈，想知道他到底有多大诚意营造以顾客为中心的企业文化，这家公司的顾客资料系统是我会问及的一个领域。为什么？因为好的顾客资料记录能让"英雄级别"的顾客服务成为可能。

我说的"资料记录"指的是以下两种资料记录中的一种：一种

是构成顾客记录的实际资料，如顾客订单或免责声明书；另一种是对事件或沟通的信息记录。基于我们讨论的目的，这里所说的"资料记录"，指的是诸如以下关于客房服务的沟通记录：顾客到达时房间还没有准备好的事实记录，顾客事先发来邮件要求多加几条毛巾的邮件存档。我把资料记录看作有益于未来体验的信息记录，即使资料记录对目前的顾客体验没有多大影响，也要如实记录。顾客资料记录就是要记录应该被记录的一切，而不是只记录必须记录的内容。

对顾客来说，好的资料记录存在与否，会影响服务问题是否可以及时得到轻松解决。对于你和你的团队成员来说，资料记录会造成准备充分和后知后觉之间的巨大区别。我们来假设一个场景，看看资料记录能如何改善顾客和你个人的生活。

我们假设有一个顾客之前拿来一件物品让你修理。他已经等了一周时间，非常生气。遗憾的是，你也在等供应商发来零件，而且你许诺顾客的完成修理的日期已经过去。更有意思的是，顾客只希望接受电话联系。好的资料记录怎样才能有效解决这个问题呢？

● 顾客以往的经历对他未来的经历往往至关重要。因为你的队友记录下了和顾客之前的交流经过，所以你知道这是他第二次遭遇维修推迟。这有助于让你明白顾客对这个问题特别敏感，而且你需要在和顾客沟通的过程中格外积极主动。

● 分享信息使信息更有用。在晚班的时候，你收到一封邮件说零件有库存，周二能送到店。如果你不把这条信息分享给第二天给顾客解决问题的人，那么这条信息就没有用。至少，需要把信息录入顾客记录，这样后来当班的同事就能找到这条信息。更好的做法是，你应该把进度告知第二天早上当班的人，鼓励他们积极主动地联系顾客。

● 了解顾客的消费历史本身就是优质服务。正如你知道的，"五号服务导火索：被踢皮球"是所有导火索中最恼人的情况之一，因为顾客不得不跟公司里各个岗位的人反反复复地叙述事件和其中细节。把以往得到的信息记录下来以供下一位团队成员使用，这种做法可以改善顾客体验。

● 了解事实是有帮助的。这个顾客的难题是，他说公司没有人联系他并告知他处理进度。因为团队成员记录下了给他发去信息的时间，所以你知道他没有说实话。这条信息你也许用得上，也许用不上（第60节有关于此话题的更多内容），但是重要的是，你知道你们内部没有出问题。

很明显，资料记录对你的团队和团队的服务能力有非同寻常的重要性。同时，资料记录过多和资料记录过少同样无益，所以重要的是，在记录顾客沟通或情况说明的时候慎重行事。现在所有人都在工作中面临信息过多的问题，最典型的反应就是，干脆忽略所有并非火烧眉毛般紧急的事件。事无巨细都记录下来等于什么都没记录。

虽然顾客资料记录既没有什么趣味，也没有什么启发性，但是理解资料记录的重要性，对你和你的团队提供"英雄级别"的顾客服务会有很大帮助。在结束这个十分"令人兴奋"的话题之前（我保证，我们快说完了），我们迅速看一看怎样有效地进行资料记录。

30. 迅速有效地记录文件

虽然有效记录文件的方法因公司和处境的差别而大有不同，但几乎放之四海而皆准的一个原则是：要么记下来，要么失去它。

如果你做的是面对顾客的工作，很可能你有很多事情要做。在多数情况下，如果你不在和顾客沟通的同时记录，或沟通结束后立刻记录，下面的三件事总会发生一件：

- 你的资料不会被记录下来。
- 你的资料会被记录下来，但是会缺失至关重要的细节。
- 你的资料会出错。

当你实时记录的时候还要记录准确，这样的方式本来就够困难的了。例如，你能精确记录顾客试图告诉你的一切吗？你了解顾客生气的真正原因吗？把细节记录无误更难，尤其是等到四个小时以后，你已经和其他23位顾客进行过交谈，此时再记录。

我们要面对的现实是：当你有一排顾客站在面前，或有一大堆电话等着你接听的时候，你不可能记下所有细节。如果你没有时间做充分记录，花一点时间做几个抓住事件核心的"自留笔记"，用电子方式或纸张记录都可以。这里举一个例子：

吉利安·史密斯

2014 年 12 月 8 日，下午 3：55

对送货不满。货送迟了而且货件坏了。

货物太大，她不能装箱退货。

打了三次电话。没人接。来的时候很生气。

希望送货人员把货物装箱带走。

联系电话 407-555-5555

这个便条应该花费了 45 秒来写，便条记录下的信息能唤起你的记忆。如果正有顾客盯着你，也许你只能少写一些，用 15 秒只把简单事实记下来就行了：

吉利安·史密斯　12 月 8 日，下午 3：55

货送迟了而且货件坏了。太大装不了箱。

打电话三次，希望我们装箱带走。

407-555-5555

这个便条上的信息就够了，如果你几个小时候后再回过头来处理这个问题，你很可能记得这些细节。当你无法当场记录的时候，自留便条就是一个有效的临时手段。

资料记录的有效性取决于当时环境，我们几乎不可能拿出具体的指导建议。在以下列表中，你会找到有效资料记录的几个基本原则，它们应该适用于多数机构：

● 把情景的"四个什么"要素包括进去：什么人、什么事、什么时候、什么地点。

● 记下时间、日期，如果与顾客沟通的地点需要说明，把这也记下来。

● 在适当的情况下，记录下见证整个事件的所有人的名字，尤其是公司里的人的名字。

● 用直接引语来记录顾客说的话，特别是当他们说的话涉及争议事实或不当评价的时候，你一定要这样做。这样就可以澄清这些话不是你说的。例如，顾客说："框子送到的时候已碎成七块。"顾客很生气。她说我是"一个撒谎的混……"还说我们整个公司"全都是骗人的人渣"。

如果你们公司允许，你可以写全里面的脏话（我在这本书里可不打算这样做）。个人而言，我建议把实际说的话写出来使之成为资料记录的一部分，但是你首先要明确公司政策或处事方式是否允许你这样做。

● 记录下你确定未来会与你或别的部门相关的内容。你在公司的经验越丰富，你就会在这方面越擅长。你会明白采购部应该需要发票编号，所以你最好把编号记录下来。你会明白记录下顾客说没有收到账单的投诉很重要，因为顾客总是用这种方法逃避付款，记录下类似模式非常重要。

从大的方面来看，好的资料记录是一种既利己又利他的举动，这有助于让你和你的团队为未来的顾客沟通做好准备。这个举动不会带来立竿见影的满意度，好处总是在未来实现，或者好处是无形的。不过，资料记录总是有价值的，因为了解顾客的历史对于提供积极的优质服务很重要。你只需要明白资料记录就是记录多数情况，同时也深知只有其中的几种情况会再次发生，这样就可以了。

31. 帮助团队成员应对顾客要选好时机

有一次，我的一个雇员问我："我怎么知道什么时候该插手帮助别人接待顾客？"这个问题我以前想得不多。虽然我曾经在培训中讨论过这种情景，但是没有考虑过团队成员在这类情形下到底有多么难以抉择。在这个领域，我和一线服务是脱节的。

作为老板，我很容易就能加入到与顾客的谈话中。事实上，如果你是老板或经理，因为你手里有权力而且能"效劳更多"进而帮助顾客解决问题，你通常会受到顾客欢迎并能加入任何的顾客对话。但是雇员问的这个问题让我开始思考，如果你不是老板也不是经理，只是一个普通员工，你应该怎么做？如果这个人和正在为顾客提供帮助的人职位相同怎么办？一线专业人员应该怎样处理这种情况？

虽然没有铁律般的规则来应对类似的问题，但以下四种场景可以帮你评估什么时候你需要介入并帮助正在为顾客服务的队友。

（1）这位队友正在提供给顾客的信息不够精确。如果你听到队友告诉顾客不确切的信息，这通常就是一种强烈信号，示意你该加入他们的谈话，特别是这个信息以后会给顾客和公司不断带来麻烦的时候。在顾客服务中，当一位团队成员为顾客提供了不现实的期望时，他就是在为同一战线的其他队友制造问题。

(2) 队友的精力没有放在寻找解决办法上。 当你看到队友的注意力都放在为自己辩护，而不是为顾客服务上，你就该介入了。如果你轻轻地走上前去，专心讨论解决方案，你的队友很有希望受到启发，重新走上积极解决问题的道路。

(3) 顾客给你的队友的回应不太友好。 如果顾客针对当时的情况或针对公司的反应不友好，一张新的面孔有助于改变交谈的方向。

(4) 顾客希望更有权力的人出现。 即使从技术角度来说你没有更多正式的权力，但是你偶尔可以卖弄一下自己的经验，拿出一副有权威的样子来。"不，先生，我不是经理，但是我在公司工作三年了，我非常熟悉您现在谈论的这个产品。"这个举动不言而喻地损了一下你的队友，这相当于说"我比正在和你交谈的这个人懂得更多"，所以应该谨慎使用，只有在情况确实越来越糟的时候再用。我们将在第 65 节进一步讨论运用你的权威方面的内容。

插手去帮助队友本来就是件费力不讨好的事。你需要了解你们之间的关系，并且你也要了解他的大致性情。自尊是一种微妙的东西，为了挽救局面而介入，容易被缺乏安全感的队友视作有侮辱性或骄傲的表现。如果目的是帮助顾客，那么只有在你的行为不会让情况恶化的情况下，你才能达到这个目标。

以上四个情景给你提供了一些相当确定的准则，这些准则告诉你什么时候应该介入去帮助队友，但是决定每个具体事例的，则是情形本身，以及处于情形中的人。

Be Your Customer's Hero

────────

第 5 章

对服务区尽在掌握

32. 让第一印象发挥作用

在心理学领域里，有很多研究探索了人脑对其他人进行判断时所具有的不可思议的速度，还探索了这些判断可能产生的影响。

在一线，懂得第一印象的重要性对于了解如何正确与顾客沟通至关重要。顾客在最短的时间里形成对你和你的机构的看法，这些最初印象对他们随后的服务体验有直接影响。人们对别人形成印象的速度有多快？一个研究表明，这一过程只需要 1/10 秒。[1]因为印象总会产生，印象准确与否都没有关系。作为面向顾客的专业人员，把这些最初的时刻尽量塑造得对自己有利，这对你是最有帮助的。

我打算把第一印象的典型特点划分为两个基本类别：环境特点和沟通特点。环境特点是顾客走进店里时看到的那些方面——窗户脏不脏？柜台乱不乱？服务代表的穿着是不是不够专业？当顾客走进你的店里时，他就在分析这些因素，虽然他也许都没有意识到自己正在这样做。像第 26 节讨论过的那样，顾客根据你的衣着外表来判断你的专业化程度，他们也会在服务区对你进行判断。

沟通特色是你和顾客最开始互动的一些细节。你招呼他时，是直接走过服务区，还是绕过柜台？你是微笑着注视他的吗？你看起来是在真诚地帮助他，还是走流程应付了事？汽车销售行业的一个研究表明：销售人员留下的第一印象会影响购买决策。[2] 你的一切——你的仪态、声调和举动——在最初的片刻都会被顾客评估，顾客因此形成的印象会促进或削弱你为之提供"英雄级别"顾客服务体验的能力。

幸运的是，如果你留下坏印象，虽然这会给你的工作增加难度，但是你也不会全盘皆输。在培训一线员工如何迎接顾客并留下第一印象的时候，我想使用一个把车开进沟里的情形进行比喻。假设你正要出发上路，行程刚开始你就直接把车开到沟里。你要是不把自己从沟里弄出来，就哪儿都去不了，而且一旦你被困在沟里，你的所有时间和精力都会放在怎样从沟里脱身这件事上。如果你给别人留下不好的第一印象，你就是从沟里开始与顾客交流，推进顾客体验就变得相当困难。

很明显，你也不希望在沟里开启与顾客的交流，所以我们来了解给顾客留下最佳第一印象的几种方法：

- 微笑。

- **真诚友好地欢迎顾客。**

- 做一个表示关注的动作，比如站起来。

- 走到顾客身边。

- 关注顾客时心无旁骛。

我强调第一印象的一个原因在于：它是一个为随后的顾客体验定下基调的机会。如果顾客以前和你们的品牌有过来往，那就更是如此。顾客来到我们的店里时不是白板一块，他们对服务导火索有预设反应。我们谈论过很多这方面的内容，当一个顾客第一次来到你所在地点或第一次和你打交道的时候，你就有机会消除他的成见。当顾客流露出购买意向，不管是以正面方式还是以侧面方式流露，他给你个人的机会总是公平的。除非他进来的时候就已经携带决定胜负的大筹码，否则你有机会让他喜欢你的店，或者至少你有机会让他喜欢你这个人。

如果你想一想自己作为消费者的经历，我相信你能认同我的看法。你肯定偏爱连锁店或特许经营品牌中的某些分店胜过其他分店，或者你偏爱一家分店中的某些专业服务人员，即使你不是他们生意的忠实顾客也是如此。"我喜欢 X 饭店，但是位于第五大道的那家店总是把我的菜单弄错。总体来说，Y 咖啡连锁店很差劲，但是主街那家店的丽萨特别好，我总是一再光顾。"不论顾客初次来到你的服务区时感受如何，他在最初时刻的经历都是透过已经存在的滤镜来看待一切。如果他对你的品牌持正面看法，你就需要达成甚至超越他的期望值，使他的顾客体验不脱离正轨。如果他持负面看法，你就必须证明他之前的看法是错的，让他相信你这家店是不一样的，你是不一样的。不管是哪种方式，你留下的第一印象对于成就顾客体验或毁掉顾客体验来说都有深刻的影响。

我尽量避免使用陈词滥调。但是一种老套的说法之所以存在，是因为最开始有人说得特别在理。"你没有第二次机会能给别人留下第一印象。"这句老话完美地总结了这一节的内容。当顾客初次走入你的世界时，你要抓住机会，给对方留下绝好的第一印象，确保通过这种方式开启你们之间的关系。你只有一次机会，由此带来的回报绝对值得你为此付出努力。

参考文献

[1] Eric Wargo, "How Many Seconds to a First Impression?" *Observer* 19, no. 7 (July 2006), Association for Psychological Science, http://www. psychologicalscience.org/index.php/publications/observer/2006/july-06/how-many-seconds-to-a-first-impression.html. Accessed September 23, 2014.

[2] Joshua James Probst, "How a Customer's First Impression Impacts Sales Effectiveness in an Automotive Retail Facility with Correlation to the Purchasing Decision" (master's research paper, University of Wisconsin-Stout, 2004), http://www2.uwstout.edu/content/lib/thesis/2003/2003probstj.pdf. Accessed August 24, 2014.

33. 你今天过得怎么样

我们之前讨论过"上场表演"的概念——把你的个人生活关在门外,在顾客和同事面前展现自己最好的一面。现在我们来看看在服务区面向顾客的专业人员,他们总会无意间在与顾客的交流中把个人心态流露出来。当服务代表回应顾客"你今天过得怎么样?"的问候的时候,这种情况就会发生。

当你问顾客他们感觉怎么样的时候,他们几乎总是反过来问你同样的问题。但是往往,服务代表的回答所包含的信息量超出顾客想要获得的信息量。这种情况下,服务提供者给出的回答有:"很好。""还行。""还可以。""挺好。""我挺得住。""不算太好。""没什么可抱怨的。"这些回答可以精确地反映说话者当时的感觉,但是都不够正面,不够有效。他们让别人关注到事情不太顺利这一事实,而且更重要的是,他们把交谈的话题转向自己,而不是转向顾客。引用电影《婚礼傲客》中的人物所说的话:"以负面的方式引起注意力。"[1]

你应该说什么呢？使用"很棒""好极了""精彩极了""无以伦比"这些字眼怎么样？如果你想弄得好玩一些，你甚至可以说"绝妙"或使用个人理财专家戴夫·拉姆齐的口头语"老天待我不薄"。无论你选择哪种说法，目标都在于给交谈内容增加正能量。你给顾客一个灿烂的微笑，热情地和他们打招呼，然后却不走心地说了句"我还行"，这有什么好处？

"但是如果我心情不好怎么办？"有人这样问过我。"我非说我心情好，这不是不诚实吗？"我不这样认为，原因很简单：提出这个问题的时候，没有人期待得到一个真实的回答。我很不愿意向你挑明这一点：当你在服务区和顾客打招呼的时候，或者当你和同事在过道里擦肩而过的时候，多数时候他们都不是那么想知道你感觉好不好。他们不期待你会停下来，然后告诉他们你的孩子刚刚赢得拼写比赛的冠军；你的男友撞坏了摩托车；或者你的比阿特丽斯姨妈刚刚过世。你加入的谈话只是一种肤浅的打趣式寒暄。只有在你不走心的回答招来别人关注的时候，这种寒暄才有意义。

记得几年前，我彻夜未眠，陪伴着我奄奄一息的狗，我已经养了它12年，第二天早晨兽医为它执行安乐死后，它死在了我的怀里。我当天晚些时候需要给一个员工回电话，当他问我感觉怎么样的时候，我的回答是"好极了"。我说的话不是真的，但是没关系。如果好朋友问我这个问题，我很可能告诉他我们刚刚把狗狗送走，如果他安慰我的话我会欣然接受，但是我的员工不需要听我说这些话。他在解决一个问题时需要我的帮助，而不需要自己的一天被老板的个人问题干扰，顾客更不需要听到这些。

在这方面改变你的态度，一个额外的好处在于：通过改变你回答这个问题的基本用语，你实际上可以影响自己的想法和感觉。你可能会惊奇地发现：当你开始频繁用"好极了！"来回应"你好吗？"的时候，实际上你真的会感觉如此。

所以你要选择几个用着舒服的词，并让这些词成为你的默认回答，这样你的顾客都会度过更美好的一天。

参考文献

[1] *Wedding Crashers* Trivia, Internet Movie Database, http://www.imdb. com/title/tt0396269/trivia. Accessed October 27, 2014.

34. "我就是看看"的应对之法

作为一线专业人员,你可以学到的最重要的技巧之一,就是什么时候、以什么样的方式尊重顾客设定的界限。在零售环境下,这种界限往往通过"我先看看"这样的回答来划定。当你走过去向顾客打招呼并提供帮助的时候,你会听到类似于以下某一句的话:"我先看看。""我就是瞧瞧。""我就是打发一下时间。"通常,当你面临"我先看看"这种回答的时候,不外乎有以下三种意思中的某一种:

(1) 顾客真的就是看看。

(2) 顾客不希望别人介入,想要自己做决定。

(3) 顾客不希望"被销售",更愿意自己看,不愿意接受店员的帮助。

你怎样才能知道你面前的顾客表达的是哪一种意思呢?在你和顾客的初次接触中,这一点实际上不重要。在这次交流中,你应该尊重顾客,让他自己去看。不论原因如何,很明显顾客没有做好和任何人进行交际的准备。这才是最重要的。不管你什么时候得到这种回答，你通常应该给出始终如一的回应：你的名字，再加上你乐意效劳这一事实，这些能够为之后顾客寻求你的服务打开大门（除非你使用第 37 节所说的姓名延迟的方法）：

- "太好了。我的名字是亚当。如果您有什么需要，我就在那边。"

- "我明白。我的名字是亚当，万一您需要什么请找我。我稍后再来您这儿，看您有没有什么问题。"

- "购物时我最喜欢四处看看。我是亚当，如果您需要什么请找我。我只想告诉您我们店刚刚启用了新款存货扫描仪，不管您想查我们店的任何信息，我都可以用这台设备为您服务。"

当顾客告诉你他只是看看的时候，你也要注意避免做出一些常见的回应："没关系。""没问题。""没事。"这种用语有什么不好？因为顾客有权自己看。他们可不希望自己说的话有所暗示，就好像顾客决定自己看对你来说是强人所难（他们才不管呢），或者经你批准他们才能随便看看（他们又没有请示你）。把自己的名字告诉他们，让他们知道你乐意效劳，保持这种做法就可以。

现在，如果顾客给你"随便看看"的回应，你就要决定什么时候再次关注他们合适。这个决定在很大程度上取决于你解读身体语言的能力，也取决于顾客四处逛的时间的长短。经过一定时间后，多数四处逛的顾客都希望有人跟进。这方面没有铁定的法则。根据顾客的行为和你所工作的服务区的典型模式，你可以招呼顾客，判断一下。当你再次关注顾客的时候，你需要避免使用强加式的销售方法。通常，你应该以某种确认式的话做开场白："我只是想知道您看得怎么样了。"然后，你可以沿着以下思路说下去：

- "您是想给特别的人买些什么吗？"

- "您是给自己买还是给别人买？"

- "我注意到您在看裤子。您有没有兴趣看一看刚到店的春季新品？"

不要努力兜售特价品，除非你能把它们和顾客已经感兴趣的产品绑定销售，或者除非你能很自然地把后面的谈话引到那个方向。同样，既然你已经在最初的交流中告诉了对方你的名字，尽量问到顾客的名字好用来称呼他。"顺便问一句，我先前没有记住您的名字。"我们将在第 17 节讨论名字的重要性。

应对"我就是看看"这种回答的实质在于：找到介于忽略顾客和逼迫顾客之间的那个舒适点。你要尊重顾客自己逛的权利，但是你也要记住不要把"我就是看看"理解成"不"，而是要把其理解成"一会儿再说"。关键在于确保自己让顾客知道你随时为他服务，而不是给他一种你在上空盘旋或者你在逼迫他的感觉。正如你在第 35 节会看到的，对顾客关注过多和关注过少一样无益。

35. 别变成直升机式的服务代表

在过去的十年左右的时间里，"直升机式父母"的说法流行起来，这个词描述的是一种一直盘旋在子女上空的父母，提供过度保护，时刻无微不至。与之类似，也有服务人员提供"直升机式服务"，他们盘旋在顾客上空，造成一种压力感和让人难以承受的被关注感。

直升机式服务代表往往想把事情做好：他们尽力让自己对顾客有求必应，他们试图让顾客知道自己并没有被忽视。好事也有做过头的时候，因为人需要空间。即使是那些通常期望与一线服务代表接触的人，当服务代表盘旋不休或跟他们频繁确认的时候，他们也会很快变得不耐烦。这就好像在你生病的时候有一个朋友，他每个小时给你打一个电话确认你的情况。他反复这样做时虽然心存善意，但是在某个时间点，你只是想躺在沙发上，稍微放松一下，观看电视里播放的电视剧。

更复杂的一层关系是，有些顾客甚至连最基本的接触都不需要，他们就是希望独自购物。在我的博客上，有一次我发了一篇有关零售自助服务的文章。我很惊讶地在评论区看到居然有那么多人喜欢自助结账。最近的数据证实了这一点。一个 MASBC.com 的问卷调查发现，35％的顾客说"喜欢自助结账通道"[1]，而且英国的一项研究表明，57％的消费者说他们"喜欢自助结账，因为这使整个过程加速"[2]。不管自助结账是好事还是坏事（有的人不喜欢），研究的结论表明，顾客中可能有 1/3 或者更多的人想自己购物，或者他们至多只需要最少量的交流，帮助他们完成交易就可以。当顾客有此感觉的时候，多余的交流很容易让他们感到窒息。

尽管有这些数据，你也不能因此而不关注顾客或者认为顾客不需要帮助。像我们在第 34 节讨论过的，你总是需要和顾客进行最初的接触。然而，顾客可能就是想自己购物然后尽快离开，记住这点很重要。

你怎么知道眼前的顾客想要什么呢？如果你幸运的话，他会坦率地告诉你："你能帮我找一下婴儿手推车吗？"如果你没那么幸运，那就细心关注顾客说的话和他展示出来的身体语言吧。用禅宗的话说，你在场但不给顾客压力，你随时效劳但并不亦步亦趋。

懂得如何找到关注和空间之间的平衡，这是优质顾客服务的标志之一。意识到不是所有顾客都需要等量关注，密切留意顾客发出的各种信号，通过这两点，你可以避免越过"英雄级别"的服务代表和直升机式服务代表之间的那道线。

参考文献

[1] Anika Anand, "Welcome Valued Customer…to More Self-Checkouts," NBC News, July 22, 2011, http://www.nbcnews.com/id/43729757/ns/ business-retail/t/welcome-valued-customer-more-self-checkouts/#.U_ YUHVaFmFR. Accessed August 24, 2014.

[2] James Halliwell, "Unexpected Item in Self-Service Till Survey: Shoppers Want More," Grocer, August 24, 2012, http://www.thegrocer. co.uk/home/topics/technology-and-supply-chain/unexpected-item-in-self-service-till-survey/231938.article. Accessed August 24, 2014.

36. 记住一件事即可，你能做到吗

　　每当你让顾客具有个人化的体验时，你就在营造令人难忘的顾客体验的路上突飞猛进。每个顾客都希望感觉与众不同，即使是在很小方面实现的个人化也能给顾客制造出这种感觉。

　　当然，电脑化的顾客关系管理（CRM）系统是如今最流行的体验个人化的方法。现在的软件可以为顾客保存大量信息，实际上可以保留无限信息，因此大数据（在与顾客的数字化沟通中收集的关于顾客的海量数据）和批量定制服务在以顾客为中心的领域被谈及最多。但是，CRM系统的超强能力只有在顾客在场的时刻才有效，因此现在和将来之间的信息鸿沟就出现了。

　　有点令人恐怖的大数据和可穿戴技术已经到来，在这样的背景下，顾客的脚一迈进店门，店主和一线服务代表可能马上就了解了关于顾客的大量信息。顾客衣服里的电子监控器或手上拿的手机马上被商店检测到，顾客的信息就出现在商店的电脑里或服务代表的移动设备里，一线代表在与顾客开始交流的那一刻就获得了顾客信息。然而，对于绝大多数的一线场景，在未来还要等很长时间这幅画面才会出现。

所以当你在服务区工作的时候，对详细的顾客数据知之甚少，甚至一无所知，顾客人群还一直在变动，现在你怎样让顾客有个人化的体验呢？如果你在大型家装商店工作，在超市的熟食部门工作，或者在你姐姐的服装精品店工作的话，你怎么才能提供顾客个人化体验呢？如果顾客是一个陌生人，你怎么办呢？

有许多技巧可以使顾客体验个人化服务，但是我知道的最宜作为权益之策的小技巧只有一个：记住一件事。当你走到顾客身边的时候，你的目标是和他们交谈，使他们表露需求。你的目标应该是获得顾客尽可能多的信息，获得顾客此次来店的意向方面尽量多的细节。然后你应该相应调整自己的行为，最大限度地为顾客提供他期望获得的体验。这种水平的个人化是所有服务代表的努力方向。如果是在完美世界里的话，所有一线服务代表都应该这么做，而且每一次都应该如此。但是我们还是要面对现实，你不总是有时间这样做。所以当时间紧迫的时候，尽力记住关于顾客的一件事就可以。

当你和顾客交谈的时候，寻找一个热点，看起来就是很重要的一个方面，而且你知道你的公司可以在这个方面增加价值。把这件事记在脑子里。例如，如果你的店里有两个人，你可以轻松地记住关于他们每一个人的一件事：穿红衣服的女士给正要去北方上大学的女儿买东西。带着婴儿的男士正在给他的妻子寻找一件生日礼物,而他的妻子喜欢"显年轻的装束"。当你随后再次和顾客沟通的时候,你就可以在待人接物方面使用这些事实信息:

- "打扰了,女士。您提到女儿就要去北方上大学了。这些新外套是现在的热销品,它们非常暖和舒适。"

- "先生,您说您太太喜欢穿显得年轻一些的衣服。这里有几款目录上的衣服款式,它们很可能帮您讨得她的欢心呢。"

这些小小的观察很简单,但是非常有效。当你没有那么多时间在细节上为顾客提供私人定制服务体验的时候,记住关于顾客的一件事有助于与顾客进行个人化交流。虽然这么说,但是即使你不能依次与顾客进行哪怕最小方面的私人化沟通,你也不要烦恼。你很可能在主题公园或经营有道的电影院有过体验,明白个人化不是营造优质顾客体验的必需品。即使你对顾客一无所知,你也能为顾客带来很多超棒的服务体验。但是,个人化是面对顾客的专业人员的配备中最有效的工具之一,这也是和顾客沟通时应该时刻萦绕在你头脑里的目标。最后,这事非常容易。你需要做到的就是记住一件事。

37. 名字游戏非同儿戏

人们希望听到自己的名字。这事就这么简单。不管情况怎么样，如果你能够得到顾客的名字，你就要使用他们的名字。在 1964 年，戴尔·卡耐基完成了其有关个人提升方面的经典之作《人性的弱点》（*How to Win Friends and Influence People*）。在这本书中，卡耐基写道："记住一个人的名字，对于这个人来说，是任何语言里最甜美最重要的声音。"[1]

可以有很多种使用名字的方法。名字可以用来使顾客愉快地大吃一惊，比如当某个老顾客给你打电话的时候，你通过来电者身份显示认出了他。"感谢您致电 ACME。我是斯泰茜，你今天怎么样，吉姆？"称呼名字可以向顾客表明他很特别而且很重要。"欢迎您再次光临，谢丽尔！你今天好吗？来看看秋季特供商品吗？"最重要的是，名字的使用可以在交谈中显示尊重和关注。"吉尔，我明白你的意思，我向你保证，今天下班前我会给你一个解决办法。"通过使用顾客的名字，你巧妙地向顾客暗示，你关注他本人，也关注他的需求。你不仅仅读取到顾客服务游戏规则里的隐形信号，而且你发出了这个信号。

"但是如果他们不告诉我名字怎么办？"有人这样问过我。"我觉得，问名字是强人所难。"即使在零售区（这里来的很多顾客都是陌生人），问他们的名字也比你想象中容易。我发明的一个窍门叫"姓名延迟"，这里告诉你怎么用这个窍门。

当你第一次招呼顾客时，在最初的介绍中，你先不说自己的名字：

"欢迎来到 ACME。您今天怎么样？"

"我很好。你好吗？"

"我好极了！我有什么能帮您的？"

"我想给我的儿子买牛仔裤。"

"您来得太是时候了。新款秋季牛仔裤上周刚刚到店。我给您拿来看看。顺便告诉您，我叫亚当。"

"哦，我叫希丽亚。很高兴认识你。"

如果你刚一打招呼就亮出名字："欢迎来到 ACME。我叫亚当。您今天怎么样？"顾客通常觉得服务代表告知名字是例行公事。但是如果你在之后的对话中这样说："顺便告诉您，我叫亚当，您……？"顾客就感觉不一样了。这样做的话，自我介绍会更自然一些，而且更有可能引导顾客反过来告诉你他的名字。

一旦你问到顾客的名字，你就要记住名字并且使用名字，这很重要。在网上你可以很容易找到很多记住名字的技巧。当你掌握了记忆技巧后，你的下一个目标就是自然地使用名字。有些人对名字这回事严重使用过量。我遇到过这样的销售人员，他们几乎每说一句话都要提我的名字。"亚当，这种轮胎是这个价格范围内评分最高的。你关心它是否物有所值吗，亚当？亚当，你理应如此。"当这样的事情发生的时候，我只有一个念头："伙计，你参加了太多的销售研讨会了。"

使用顾客的名字使顾客体验个人化，营造和谐气氛，并因此给你和公司带来更轻松的顾客交流方式，这是非常好的方法。使用你能获得的任何资源，尽量在交流之前查到顾客名字。当你无法提前知道顾客名字的时候，在交谈中尽最大努力得到它。因为对顾客来说，他们的名字真的是"任何语言里最甜美最重要的声音"。

参考文献

[1] Dale Carnegie, *How to Win Friends and Influence People* (New York: Gallery, 1964), 79.

38. 不要评判，否则你将失去机会

我以前的老板跟我讲过一个故事。我不知道故事的真实性，但是它说明了我想表明的要点，所以在这里我借用一下这个故事，我们称其为一则道德小寓言吧。故事里说，一个农民家庭在美国东南部拥有大量的土地。在过去的几十年，由于南部某个大城市的扩张，城市的郊区延伸至这个家庭地产的周围，所以土地显著增值。最终，这个家庭将一部分土地出售给一个开发商，开发商在这块地产上建设了一个购物商业区。这个家庭获得了一大笔收入，变得极其富有。

这个家庭的一家之主是一个老农民，虽然他新近暴富，但是他从未停止耕作，看起来仍然像一个农民。有一天，他走进银行时还穿着连身工作服，劳作后一副脏兮兮的样子，由于他的外表，银行工作人员对他的态度很差。最初他们都懒得理他，而把注意力都放在看起来更重要的顾客身上。当他申请一张信用卡的时候，他们摆出一副优越感十足的架势。"如果你的信用不好就申请不到信用卡。我怀疑你的申请通不过。"除此之外，还有其他一些过分的做法。最终，老农民看着出纳员说："小姐，你要知道，我在你们银行里存了一点钱。我不喜欢你这样和我说话，我想把我的钱取走。"

当然，柜员一打开这个农民的账户，马上了解到他的身份，赶紧跑去找经理。但是伤害已经造成，一切都为时已晚。据说农民从这家银行取走了好几千万美元的存款，要知道那时候的银行还不像现在的银行规模这么大。这是银行的巨大损失，而造成损失的就是银行员工对顾客以貌取人的做法。

在第 32 节，我们研究了怎样迅速给别人留下好印象。即使非常开明的人，也免不了在潜意识中形成对别人的草率评判，这就是我们大脑的思考方式。但是，你需要注意不要做出可能不公平或不精确的判断。你需要根据与你提供的产品和服务相关的信息，评估顾客的潜力。

这里，我并不是说，你永远不应该根据肤浅或表面信息对任何人做出任何判断。例如，你可能需要对安全性做出快速判断，比如有人头戴滑雪面具走进你工作的银行的时候。同样，不应该混淆判断过早与预判资质。如果在你工作的行业，需要满足特定标准才能成为顾客，那么你很可能必须预先判断潜在顾客的资质。但是预判资质和判断过早是有区别的，因为预判资质根据的是具体的相关信息。

我本人也经历过这样的事情。我曾经负责几种特许经营品牌的

139

审批工作。特许经营品牌需要投入大量的资金，好几十万美元的资金，销售过程的一部分就是预判潜在购买者的资格。特许经营是一种以投资为基础的模式，所以如果有人不符合要求，或虽然符合要求，但是不能和其他符合要求的人合作，我通常就不会花太多时间和他讨论。继续谈下去既浪费我的时间，也浪费潜在特许经营者的时间。

除了经济方面的必要投入，预判资质可能建立在许多标准的基础上。如果你提供奥运会竞技培训服务，一个人如果没有参加奥运会的可能性，你就不会选择他。如果你从事宠物狗训练生意，如果顾客不接受你们的"不支配"的训练理念，你可能也不会接受这个顾客。如果不是因为我已经建立起网上平台，我的经纪人和出版商也不会找我写书。在很多行业，根据顾客和特定产品或服务的特点，预先筛选顾客或预判其资质，这样做是有道理的。但是这不同于根据肤浅特征做出的预先判断。这些特征对顾客的资质也许有所指示，也许没有指示作用。

多数人很熟悉电影《风月俏佳人》中的一个经典场景，茱莉亚·罗伯茨饰演的人物因为外表被势利的比弗利山庄销售人员置之不理，结果她在他们的竞争对手那里花了一大笔钱。本节内容很重要，虽然《风月俏佳人》中的经典一幕实际上并不常见。很少有服务代表根据顾客外表就毫不掩饰地粗鲁对待，还拒绝提供服务。更

第 5 章　对服务区尽在掌握

常见的情况是，服务代表用不易察觉的、潜在的方式让自己的预先判断影响自己的行为和服务方式。当服务代表根据肤浅的外表特征或以往经验预先判断的时候，他们的行为就会发生改变。他们通常和颜悦色，但是不会卖力服务。"每次那些周末骑行爱好者走进店里，只买几瓶水，却把所有的桌子都占了。大学生们总是弄得乱七八糟。你都不用招呼试穿瑜伽裤的女人，她们就是在隔壁的瑜伽课还没开始前打发时间，她们从来都不买东西。"当然，你以前听过类似的评语，也许你以前也说过类似的评语。不要感觉自己很差劲，这完全是自然反应。

但是，如果你持这类的观点，我建议你问一问自己：这样对顾客的预先判断对你有什么真正的帮助？即使其中的一些判断符合事实，你根据预先判断行事能得到什么？不那么卖力地为这位顾客服务，可能你会轻松点吗？也许你觉得自己给他们上了一课？多数情况下，预先判断顾客会产生负面后果：销售损失或顾客对缩水的服务感到不满。如果你用崭新的人生观和开明的头脑看待每一位新顾客，你将会走得更远。

不要评判，否则你将失去机会。

39. 化身顾客的私人侦探

　　顾客总是想买你们没有库存的东西，通过你应对这类情况的方法，就能看出普通服务和"英雄级别"服务的区别。当顾客需要买一件货品或要求得到某个回复，但是你却无法提供的时候，典型的反应是做一个紧急确认，然后回来给他们回复。比如有一位顾客决定买一件他喜欢的衬衫，但是你的货架上没有他要的尺寸。普通的服务代表会告诉顾客所有的库存都已经摆在销售区（这可能是真的，也可能不是真的），或者服务代表会回库房看一下有没有这件货品。通常到这里就结束了，但是"英雄级别"的服务代表会更进一步，他把自己变成顾客的私人侦探。

　　你的目标是找到一个解决办法，或者至少是你拿得出来的办法。如果库房是空的，查查网上店铺。查一下附近的分店看它们有没有。不管你怎么做，你都不能这样回复："很抱歉，我们后面的库房也没有。或许您能在网上店铺找到。"相反，你回来的时候需要这样说："我向您致歉，我们店里没有您要的尺寸。但是，我有几个其他地方供您选择。您想在多长时间内买到这件衣服?"

　　你的目标是回到顾客身边的时候准备好潜在选择。你需要做得有创造性。你可以选择的做法不一定总是恰巧能提供顾客所想所要,而是换种方法满足顾客的内在需求。你可以提供同样产品的另一种款式或另一种颜色吗?你可以提供实际上能成为更好选择的产品吗?你可以提供另一种方法,比如推荐用胶水而不是用胶带修理产品吗?尽量记住一点:顾客往往在寻找问题的解决办法。他可能愿意接受一个与他最初想法稍有不同的解决办法,即使他不愿意接受,费心寻找替代选项也能使你在顾客体验方面得到一个好分数。我们将在第59节更详细地讨论怎样集中精神做你自己能做到的事。

　　让我们回顾买衬衫的那个例子,看看在实际的交谈中你可以怎样应对。你已经问过顾客他想多快拿到衣服,你可以列出其他选项,继续你们之间的谈话:

　　　"如果您想今天拿到衬衫,最快的方式就是您去我们位于木桥路的那家店。如果您愿意的话,我可以代您打电话过去确认那家店有没有您要的衬衫,然后我可以给您预留下来。如果不着急的话,我可以把衬衫从别的店调过来。衣服三天之内就能到,衣服一到我就给您打电话。"

　　　"实际上我住的地方离这儿挺远的。"顾客回答道,"木桥路离我住的地方就更远了。我不需要今天拿到衬衫，但是我确实需要这件衬衫去参加周二的一个晚宴。"

"我查了一下我们的网上店铺，"你回答说，"网上有红色的衬衫。我们提供两日达服务，不收费。"

"太好了！非常感谢你。"

"好极了！很高兴能为您找到解决办法。我把衬衫的型号编码给您，因为网上这些衬衫看起来都挺像的。而且既然您已经在我们店里，您想试穿一下绿色的这件，好确定您喜欢这衬衫上身的效果吗？"

正如你从对话中可以看到的，你总是可以找到办法满足顾客的特定需求。但是如果真实生活就是不这样如意怎么办？如果这种衬衫已经停产，哪里都找不到他要的尺寸怎么办？在这种情况下，你将提供的其他选择是关于产品本身的，而不是关于买到产品的方式的。"我推荐这件拉夫劳伦牌子的衬衫作为那件衬衫的替代品。实际上，我更喜欢这件衬衫的袖口。"

那么，如果你没有能直接解决顾客问题的选项怎么办？寻求某个特定的替代零件来修复老型号的产品，可能就是处理这种情形的好办法。这种情况下，化身顾客的私人侦探仍然有好处，因为向顾客反馈你的查询结果，有助于缓解因为无法提供任何其他较好选择而带给顾客的打击。

> 您好，辛迪，很抱歉，但是我查了我们整个系统，哪儿都找不到您要的零件。他们几年前就不再为那种型号的产品供应零件了。凡是我能想到的地方我都找过了。我查了库房、网店，甚至给制造商打电话看他们是不是可能还有一些散落的旧零件，可是他们没有。我知道您说过您还不想花钱买一台新款，但是我觉得新款的价格对您来说真的是物有所值。但是，如果您还是一心修复这台旧款的话，我能推荐给您的最好办法就是在网上看看，有没有人出售旧零件。

虽然你回来时带来了各种选择，但总是有一些顾客会不满意，除非他们准确无误地得到自己想要的东西。不要让这种极少数的难缠顾客妨碍你，使你不能全力以赴地成为顾客的私人侦探。当然，你不总是能拿出时间做详尽至极的搜索，但是你应该尽力而为。通过寻找所有合理的选择来满足顾客需求，你将营造许多成功的顾客体验，避免制造大量服务问题。记住，"英雄级别"的服务代表永远不会空手而回，即使他只能带给顾客自己曾经多么努力地寻找过的一个解释。

40. 绝不与顾客谈论其他顾客的是非

八卦、说别人坏话、垃圾言论，不管你怎么称呼这种行为，这都是有失专业且令人不悦的行为。在第 27 节，我们讨论过专业素质，谈及工作场合和休息室闲聊带来的消极影响。和同事说顾客的是非是一种糟糕的行为，但是说实话，这种事偶尔会发生。一些顾客的情况令人抓狂，除非你是机器人才不会谈论他们。但是如果你觉得有必要找人聊一聊某位让你不省心的顾客，有一条界线你永远、永远也不能跨越，那就是和一位顾客谈论另一位顾客的是非。

跟一位顾客说另一位顾客的坏话是最不专业的做法之一，顾客也会这么看待这件事。即使你已经和顾客建立起良好关系，或者能够使用人际交流营造和谐氛围，这也仍然是你不应该跨越的界限。这会把听你说话的顾客置于一种不舒服的境地。顾客应该回答你什么呢？顾客应该怎么回应呢？在我们谈论为顾客营造优质顾客体验的时候，我想在这一点上我们有共识：我们追求的目标不是让他们感觉不舒服。

这令我想起我和妻子在一家大型咖啡连锁店使用得来速服务时的一次经历。排队等候时间非常漫长，我们好不容易排到前面只剩一辆车的地方，缓慢的队伍却停了下来。我们坐在车上等了可能有五分钟，看着服务窗口的咖啡师和前面的车主之间把饮品递过来又递过去。当我们终于开到窗口前的时候，咖啡师说："总共 9.43 美元。"然后，在收钱的时候他似乎改变了主意。"因为你排在了傻子后面，我真该给你打折。"我和妻子不禁大笑起来，虽然这位咖啡师本身很不专业，但是确实好笑。然后咖啡师继续说，"怎么会有人更换订单那么多次？我在对讲机里确认了两遍，然后他到了窗口又改了一次。真是个傻子！"

咖啡师说话算数。他只收了我们一杯饮品的钱，还让我们开怀大笑，但我们内心深处并不舒服。在这种情况下，如果员工更好笑一些，不那么愤怒，这件事还比较好接受。但是最终，他的专业素质的缺乏还是给我们留下了阴影。他想为作为顾客的我们做件好事（因为让我们等太久他为我们打折），但是他的做法是以牺牲专业素质为代价的。

你看，与一个顾客谈另一个顾客的是非，这种事情最伤人的地方就在于，后一个顾客很自然地认为当他不在场的时候，你也会谈论他。我们每个人的生活里不是都至少有一个朋友在背后说其他人的坏话吗？过后，你难道没有觉得当你不在场的时候，他也会说你的是非吗？你当然会这样想，顾客也会得出类似的结论。

你的目标在于尽量避免以负面方式谈论顾客，包括与同事和主管交谈时也要避免这样做。不论情形多么激烈荒谬，你永远、永远都不应该和一个顾客谈论另一个顾客的是非。你会发现顾客服务领域总体来说有很多灰色地带，但是这里没有，这个概念非黑即白。

41. 眨眼间令顾客惊叹

到目前为止，我们花费了大量时间了解顾客服务的基本要求，但是超出顾客预期的服务是什么样子呢？给顾客带来令他们惊叹的服务会怎么样呢？虽然如何持续提供令人惊叹的顾客体验（我们将在第 80 节详细讨论）的策略通常由管理层来决定，但是我觉得大家有一个共识：让顾客交口称赞总的来说是一件好事，你应该利用任何你能获得的机会，去营造超越期待的顾客体验。

一线服务代表随处都有机会，只要做出一些几乎不花钱也不费时间的简单举动，就能让顾客赞赏不已，这是你们的福音。在我的博客上，在我的 CTS 服务解决方案公司的企业期刊中，我把这些时刻称为"五秒惊叹"。当然，做出这些举动不总是只需要花费五秒钟时间，但是这个说法很好地提醒我们，这些方法迅速有效，不费吹灰之力就能让顾客的脸上绽放笑容，给他们带来难忘的体验。

这里有几个"五秒惊叹"的例子，表明在多付出一点努力的情况下，营造难忘的顾客体验是多么轻而易举的一件事。

魔力服务

● 在我的一家零售服务类型的水疗店里，有一位常客，她每次来的时候都拿着一瓶健怡可乐。每一次，为她服务的人都把她的可乐放到休息室的冰箱里，然后在服务结束的时候再把可乐拿出来交给她。

● 在 2009 年，在九英寸营销公司和我共事的斯坦·菲尔普斯开始做一个项目，收集为顾客服务加分的故事，为他关于"怎样赢得顾客"的网站搜集素材。其中一个故事由一个房地产中介提供，当时他正要把租借的汽车还给位于康涅狄格州的一家宝马分公司。服务代理人看到中介商人带着孩子一起来还车，就告诉他不必下车，然后服务代理人主动过去取车。之后好几个服务人员帮他把两个婴儿座椅从车里拆下来。这位中介在车里接过所有文件手续，并得到"祝您生活愉快"的祝福。[1]

● 我的一位团队成员去欧迪办公用品店找某几种特定的写字板，它们一直很难找到。她之前先去了欧迪公司的竞争对手那里，得到的服务质量很差劲。欧迪公司的服务代表非常用心，一直提供个人协助，直到她能找到所需商品为止。我的团队成员告诉服务代表，她自己多么喜欢来这家店，还说这里的服务人员比那家店的竞争对手的服务人员好太多了。那位服务代表问她是否愿意把自己的评价分享给店内其他服务人员。那位服务代表递了一副耳机给我的团队成员，她就把刚才说的一番话

150

通过公共播音系统对整个店里的人重复了一遍。店里员工爆发出热烈的掌声，我的团队成员觉得自己非常与众不同，简直不可思议。[2]

这些"五秒惊叹"的例子到底意味着什么呢？它们带来了什么样的成果呢？冷藏健怡可乐能提升疗效吗？帮助拆卸汽车婴儿座椅能让车的引擎运转得更好吗？通过播音系统宣讲一番能让写字板更耐用吗？当然不能。这种小小的惊喜时刻无法从根本上改变你提供的产品或服务。坦率地讲，这些时刻也无法满足产品或服务实现不了的顾客期待。这些"五秒惊叹"能做到的是创造沟通和关爱的时刻，提升顾客体验。这些时刻使你的顾客感到与众不同，帮助你的公司超越行业一般水平。当这些时刻和一如既往的优质顾客体验叠加在一起，它们有助于把良好的顾客体验转变成优质的顾客体验。永远别忘记"五秒惊叹"就在你身边，你只需要花点时间去寻找。

参考文献

[1] Stan Phelps, *What's Your Purple Goldfish?: How to Win Customers and Influence Word of Mouth* (9 INCH Marketing, 2012), Kindle edition, 67.

[2] Donna Gurnic, "Office Depot Customer Service: Competition Is Right Next Door," Customers That Stick, November 26, 2012, http://customersthatstick.com/blog/customer-service-stories/office-depot-customer-service-competition-is-right-next-door/. Accessed August 24, 2014.

Be Your Customer's Hero

———————

第 6 章

像专家一样沟通

42. 奶奶教给你的顾客服务原则

如果你想学习顾客服务的最基本原则，你只需要问问一个人：你的奶奶。由始至终以礼相待，这是很多奶奶秉承多年的做法。虽然我们表示礼貌的方式有很多种，但是最直观的礼貌都是以沟通为基础的。当你和其他人交流的时候，你用什么样的方式称呼对方，这些是讲礼貌的关键点。当你需要顾客拿出信用卡的时候，你说"请"了吗？当你把信用卡还给他的时候，你说"谢谢"了吗？当你称呼她的时候，你用"女士"这个词了吗？"请""谢谢""先生""女士"，还有其他类似的词和短语，是建立起彬彬有礼的沟通的一砖一瓦，是营造"英雄级别"顾客体验的基础。

当然，这么显而易见的建议明显到让人难以相信。在写这本书的时候，我甚至考虑有没有必要把这一节写出来。但是，随着我以普通顾客身份不断地和商家打交道，我亲眼目睹这些简单的礼貌被抛在脑后，以至于使服务代表不能全心全意地为顾客服务。似乎礼貌不算一种通用习惯，如果服务代表时间匆忙或压力过大，礼貌很容易就被疏忽。但缺乏礼貌的做法在顾客服务领域永远都行不通，因此这是一个太重要、太不容忽略的话题。

礼貌不仅限于言语交流，也包括行为举止，这一点也要牢记。顾客一进门，你就应立刻对他们表示欢迎，为顾客扶住门，停下来为路过的顾客让路，这些都是礼貌的表现形式，而在我的书里，我称其为"尊重"。

在服务区保持一如既往的彬彬有礼之态，关键是意识和习惯。当你很忙的时候，你很容易沉浸在自己的世界里。虽然你可能急着去做一件事，但是被你晾在一旁的顾客不会知道这一点，所以他不明白为什么你不能花一点点时间，欢迎他的到来。以礼待人不难，但是"英雄级别"的服务代表会格外用心，关注周围发生的一切，并能用额外的片刻时间对客人、对同事以礼相待，一视同仁。如果你一心一意把礼貌变成一种习惯，你会很快发现自己在这方面的转变，表现得礼貌不再是你需要集中精力去做的事，而是你自然而然就去做的事。

43. 关注顾客时心无旁骛

在与别人沟通时，心无旁骛地关注对方，这方面的礼貌在当今的世界似乎正在消失。现在的人们似乎总是因各种铃声和提示音分心，没完没了。移动电话、平板电脑和互联网改变了人们的思考方式和沟通方式。对大学生的一项研究发现：他们对移动设备的依赖程度和他们感到焦虑的程度有直接的关系。[1]另一项研究发现：由于受到数码设备的影响，我们的注意力持续时间大大缩短，普通人在各种数码设备之间来回切换，一个小时竟多达 21 次。[2]由于这些变化，要做到全心全意关注顾客，与他们进行有意义的谈话，要比从前更困难。

想要打造"英雄级别"的顾客服务，你需要确保把自己的注意力放在顾客身上。在多数一线环境中，让人分心的事情非常多。简单举例来说，内部对讲通告、门铃声以及其他顾客都在争夺你的注意力，使你很容易无法专心。不是说你只要一心放在顾客身上，就不用再留意所处的环境。当你在为顾客服务的时候，会发生一些需要你优先处理的事情，比如，有小孩子四处走却没有大人陪伴。但是也会有无关紧要的转移你注意力的事情出现，这时你不应该让这些小事干扰你，使你的注意力重心偏离此刻的任务——给予顾客心无旁骛的关注。

当然，给予顾客完全的关注很重要，不仅如此，确定顾客知道这一点同样重要。幸运的是，有几个基本方法可以帮你轻松完成这项工作：

● 积极聆听。积极聆听意味着通过暗示表示对顾客观点的认可，语言或非语言的暗示都可以。例如，你可以点头表示认同，或者说类似于"我明白"或"您说的有道理"这样的话。

● 保持目光交流。在顾客和你说话的时候，直视顾客的眼睛，向他表明你一直在听。不过要记得偶尔转动一下眼睛，毕竟你不希望把顾客盯得发毛。

● 实实在在地去听。真正地聆听顾客说的话。这意味着关注顾客努力向你传达的要点，而不仅仅是等着他说完好接着说你要说的话。当别人没有注意自己的时候，人们通常可以感觉得到，所以如果你的回应不得要领，顾客会知道你没有把他的话听进去。

除了以上列出的情况，合理使用肢体语言可以向顾客传达重要信息，表明你在全身心地参与。我们将在下一章探讨这一点。如果你可以保持自己的专注，心无旁骛地把注意力放在顾客身上，你会发现顾客变得非常讨人喜欢，为他们服务变得更容易。你也会发现他感觉自己受到你的尊重，因此在解决他的问题时，你处于更有利的位置。这既是因为你和顾客建立起了联系，也是因为你聆听了他想说的话。

不过，我必须要警告你一点：心无旁骛地关注顾客有的时候令人沮丧。你应该知道，不管与顾客交谈什么，如何设身处地关注他的需求，他可能都不会反过来这样对你。现代生活改变了他的大脑运行方式，缩短了他的注意力时间，这一点和你是一样的。他可能查看手机，突然转身过去处理孩子的事，或者干脆就是不听你说话。像我们前面讨论过的，顾客服务不是双向车道。你要做的是尽全力赢回顾客的注意力，如果他三心二意，你也不要往心里去。

一定要记住：顾客值得你倾注所有注意力，即使你得不到他的全部注意力也是如此。

参考文献

[1] Alexandra Sifferlin, "Do You Use Your Cell Phone a Lot? It Might Be Making You More Anxious," *Time*, December 6, 2013, http://healthland.time.com/2013/12/06/do-you-use-your-cell-phone-a-lot-it-might-be-making-you-more-anxious/. Accessed September 23, 2014.

[2] Jennifer Smith, "Proof of Our Shrinking Attention Span: Average Person Switches Between Devices 21 Times an HOUR," Mail Online, January 5, 2014, http://www.dailymail.co.uk/news/article-2534163/Proof-shrinking-attention-span-Average-person-switches-devices-21-times-HOUR.html. Accessed September 23, 2014.

44. 你的肢体语言是正确的吗

    非语言沟通是最有力的沟通形式之一，然而肢体语言经常被一线服务代表所忽略。有一个一线服务代表因为服务差而受到批评，我听他这样说："我跟他说了祝他生活愉快。"似乎光说说就够了。没错，他可能跟顾客说了"祝您生活愉快"之类的话，但是他这样说的时候身体窝在椅子里，就好像在自己家里的沙发上似的，连眼睛都懒得离开电脑屏幕。也许顾客感觉到服务代表言不由衷，就是因为他的非语言沟通与他的语言表达不符，而他的肢体语言太糟糕。

    我在培训一线服务代表的时候经常会做一个实验。我会使用一句基本的顾客服务问候语，比如，"欢迎光临 ACME 华夫饼店。您今天好吗？"在说第一遍的时候，我会用积极而有活力的语气，同时站得笔直。说第二遍的时候，我会用讽刺的语气，连看都不看一眼服务代表。说第三遍的时候，我会用消沉的语气，同时身体窝在椅子里。这种练习的要点就是表明话语本身是不够的，而诸如语气和肢体语言等其他沟通方式很重要，对我们说话和听话的方式也能产生不容小觑的影响。

已有多项研究表明：肢体语言是人际交流中的重要方面。阿尔伯特·梅拉比安是一位较早研究肢体语言的学者，他发现信息的影响可以这样划分：

- 7％是语言性的，用词符合意义。

- 38％是声音性的，代表着音调和声音的变化。

- 55％是非语言性的。[1]

现在来看，多年以来人们对阿尔伯特·梅拉比安的研究一直有错误的理解。这些数字代表的其实是信息的情感影响力。在传达你的意思方面，你说的话实际上很重要，远远超过 7％的比例。[2]语言环境和语言本身的综合作用，则会决定你的肢体语言所产生的影响大小。在上面举的例子里，我说的话其实满怀善意："欢迎光临 AC-ME 华夫饼店。您今天好吗？"但是，我能让这话听起来勉为其难或毫无诚意，而我只需要改变说话的语气和肢体语言。但是如果你打算告诉顾客"从我眼前消失"，即使你语气欢快，笑容可掬，你也不太可能让你想传达的信息不那么伤人。事实上，这样做只会让事情变得更糟糕。

我们不以研究为目的，肢体语言毫无疑问对沟通有巨大的影响。你的站姿、坐姿、手势，所有这些举动都在把信息传达给你正与之交流的人。肢体语言这个话题很复杂，因为它有助于使你成为更棒的顾客服务和经营方面的专家，所以我建议你进一步深入研究。这里，我想使你意识到身体语言有几个关键方面，它们对一线服务代表很重要，要么避免这些情况出现，要么驾驭这些情况：

● 微笑。我们将在第 45 节讨论打电话时保持微笑这一话题，但是在面对面的情境中，如果想要提供宾至如归的体验，微笑是必不可少的，这一点不说你也应该知道。一定要牢记，微笑只应该用在合适的情形下。如果顾客正对你大喊大叫，控诉你们公司把事情搞砸了，这时候你面带微笑就不合适。

● 开放的姿态。如果我们正在交谈，我的姿态会向你透露很多信息，表明我对谈话的兴趣点。如果我对你做出开放的姿态，我主要是面对着你，那么很可能我对交谈很投入。如果我对你做出封闭的姿态，一种想抽身离开、转过脸去的样子，那么我的真实意愿其实是恨不得身在别处。所以在和顾客交谈的时候，要注意你的姿态。

● 手臂交叉。交叉手臂通常是一种防御式姿态（但也不总是如此）。交叉手臂可以表示固执己见和心怀戒备，和顾客交谈的时候要避免有此表现，通常这才是最好的做法。你可能注意到很多服务代表在听气愤的顾客说话的时候，总是把手臂交叉在胸前。而你应该避免犯同样的错误。除了说话的时候需要使用积极的手势，其他时间努力把自己的手臂放在身体两侧不前不后的位置。

● 用手指人。谈到手势，用手指人具有攻击性，显得无礼。你应该永远也不要这样做。如果你不能控制自己的这种反应，我建议你尽快离开一线服务这个工作，找一个不用怎么和人打交道的工作去吧。

● 好的仪态。仪态说明很多问题，包括自信心。当你和顾客交谈的时候，你需要站直身子。如果你恰巧坐着和顾客交谈，你的仪态更加重要。你可不希望懒散地窝在椅子里，好像在家里看电视或和朋友们闲聊似的。

当我思考肢体语言对沟通产生的影响的时候，会想象自己是接收信息的那一方，我发现这样做很有用。想象你在和别人交谈，对方低头看着自己的脚或盯着自己的手机。你会感觉自己对他有多重要呢？你受到尊重了吗？如果那个人手臂交叉，把脸转向另一边，你感觉如何？你想想看，他对你说的话听得有多用心呢？我应该能想到，每个人对这些问题的答案都差不多。

当你和顾客面对面交流的时候，你应该尽量注意自己的肢体语言，也应该尽量注意肢体语言可能传递给顾客的信息。不论你是否控制自己的肢体语言，你的肢体语言都在传递信息。我们的目标就是确保肢体语言传达给对方的是积极信息。

参考文献

[1] Allan and Barbara Pease, *The Definitive Book of Body Language* (New York, Bantam, 2006), chapter excerpt in *New York Times*, September 24, 2006, http://www.nytimes.com/2006/09/24/books/chapters/0924-1st-peas.html?pagewanted=all. Accessed September 23, 2014.

[2] Carol Kinsey Goman, "Busting 5 Body Language Myths." *Forbes*, July 24, 2012, http://www.forbes.com/sites/carolkinseygoman/2012/07/24/busting-5-body-language-myths/. Accessed September 23, 2014.

45. 拨电话时要面带微笑

除了面对面沟通，非语言沟通的力量可以扩展到电话交流中。虽然很多非语言类的暗示在电话交流的时候都看不见，但是一个重要的身体方面的提示，在传达信息方面恰到好处，那就是微笑。对方可能看不见电话这一端的微笑，但是肯定听得见。

如果你在一线岗位，很可能你必须在电话里与顾客沟通。在你这样做的时候要保持微笑，这是销售和顾客服务行业的一个准则。事实上，甚至有一个关于拨出电话的说法，叫"拨电话时要微笑"。虽然这句话存在已久，但是很多人对此仍不知晓，特别是那些加入劳动大军的新人，这太令人吃惊了。确切来说，他们在学校里学不到这些东西。

有趣的是，我建议一线服务人员打电话时要微笑，我给过那么多次建议，却从来没有听到一个人对此质疑，告诉我这是个愚蠢的建议。没有人问我是否有研究支持这种看法，或者指责我推广某种21世纪特有的胡话。这是为什么？因为人们本能地知道这是有道理的。抛开直觉不谈，一项调查研究就把这种看法推进了一步，表明人类不仅可以区分有无微笑之间的语调，而且可以区分各种不同的微笑。[1]这意味着顾客不仅能听到你的微笑，而且知道你脸上挂着的是哪种微笑。

所以你要怎样做，才能提醒自己在和顾客电话沟通的时候保持微笑呢？一个办法就是，在你的电脑显示器或电话上贴些简单的提示语，上面写一些类似于"你微笑了吗？"或"放松肩膀，微笑！"这样的语句。一定要不时地更换，变换贴便条的位置，否则你会习惯于它们的存在，从而使它们失去对你的影响力。另一个好办法是，在电话附近放一面小镜子，这样你在说话的时候就能看着自己。我知道有一家公司在每一个电话服务代表的工位上放了面镜子，这样服务代表在打电话的时候就能看到自己是否面带微笑。

在多人共用一部电话，或者未经经理批准的情况下，这些办法可能不一定能实现。虽然如此，在提醒你在和顾客进行电话交流时保持微笑这一点上，这两种方法都不失为好办法。

我喜欢使用另外一种办法，在打电话的时候，它有助于传达能量、表达情感，那就是站起来打电话。如果我有一个重要电话，或者我刚好觉得自己能量不足，我就会站起来。我认识的很多管理人员和专业人士都是这样做的。在你站着的时候，你会感觉更有自信、充满活力，而你的状态会通过电话传达给对方。另外，坐着时间太长对你也不好，所以为什么不多站着呢?[2]

既然你已经知道打电话的时候微笑（站立）有多么重要，我们就来看一看有哪些具体的方法，这些方法有助于你调整自己的沟通方式，应对通过电话为顾客服务时的那些独特挑战。

参考文献

[1] University of Portsmouth, "Smile—And the World Can Hear You, Even If You Hide," ScienceDaily, January 16, 2008, http://www.sciencedaily.com/releases/2008/01/080111224745.htm. Accessed September 23, 2014.

[2] Juststand.org, "The Facts: Sit-Stand Basics," http://www.juststand.org/tabid/816/default.aspx. Accessed October 25, 2014.

46. 电话不一样，却又一样

当你在沟通中无法使用肢体语言和面部表情时，你就失去很多我们赖以与别人沟通的信号。用电话沟通给你和顾客留下的空间有限，不能洞悉谈话另一方的反应。在你谈话的时候，他是不是摆出防御性姿态，越来越不想理你？当你说明你如何重视这笔生意以后，他是不是翻了翻白眼？他是不是在看邮件而不是在听你说话？如果我们在沟通过程中无法传递肢体上的暗示，那么就容易出现误会。幸运的是，正如我们在第45节了解到的，你还可以从说话的语调中探寻信息。不幸的是，如果我们谈论的是邮件和社交媒体，情况就变得棘手得多。这一点我们将在第9章讨论。

虽然电话沟通中存在诸多挑战，但是不能改变这样一个事实：面对面交流中大多数有用的顾客服务原则，在电话交流中也可以使用，有时候你只需要稍做修改就行。例如面对面交流时，通常你不愿意打断谈话中的顾客（除非你不得不这么做，详见第62节）。打电话的时候，也没有什么区别，除了一点——你更难知道对方的话什么时候结束。你不能使用目光交流和肢体语言使对方知道你正在专心倾听，所以你必须稍微提高你的聆听技巧，以便传达自己的要点。你必须用声音传达你不能当面传达的信息。"好的，女士。我明白。听您这样说，我很难过。"

电话对说话的停顿和暂时离开也有放大作用。电话另一端的顾客看不见你在做什么。在实体环境中，顾客能看到你走到商店的后面，去查找货品，而在打电话时，顾客只能听到一片死寂。在实体环境中，顾客可以看到你在电脑上积极搜寻货品，而在打电话时，顾客不知道你是在忙他的事，还是去喝咖啡了。电话沟通中有一个根本性关注点：确保你不会引爆名为"惨遭抛弃"的二号服务导火索。当我们在第 16 节探讨这个服务导火索的时候，殷勤沟通是杜绝和解决这个难题的一个关键技巧，当通过电话为顾客提供服务的时候，这一点至关重要。

打电话的时候，我们的目标是使无人应答的时间越短越好，在交谈过程中和顾客在线等候的时候都是如此。你只需要不时地与顾客沟通，就能够做到这一点。如果你做得过火，那就太可笑了——"我现在移动我的光标。我现在点击切换到屏幕二。"但是你确实需要让顾客感到你正在积极为他服务。"好了，我刚刚发送请求。最多90 秒后可以通过。"过了大约 45 秒，你可以告诉顾客。"我只想告诉您，我还在等候通过的消息，应该很快就能收到。"

当顾客在线等候的时候，适用同样的原则。对比积极做事情的时候和消极等候的时候，人们看待时间的方式也有所不同。当你从事自己最喜欢的体育活动的时候，相比你在诊所候诊的时候，是不是时间过得快得多？其中的差别也存在于积极解决问题的你的感受和等待你解决问题的顾客的感受之间。所以经常与在线等候的顾客确认进度显得尤其重要。

电话沟通时，因人际隔阂而带来另一个挑战：打电话这种方式助长了顾客的无理行为，而面对面沟通的时候他们一般不会这样。在电话交谈中，没人知道他们是谁，所以顾客会有恃无恐。因此坦率来说，比起面对面交流，这时候顾客更有可能做出大喊大叫或说话难听的行为。特别是在你和顾客之前没有过交流的情况下，在他们眼里，你就是一个无名而抽象的服务代表，而不是一个有血有肉的活生生的人。不论你在哪里，都会碰到这种难缠的顾客。那么你该如何应对，我们将在第7章专门讨论这个话题。现在，你仅需要知道电话沟通和面对面沟通是两种不同的动态过程。

告诉你一个好消息：虽然这一章里讨论的区别很重要，值得提起注意和适当变通，但是通过电话进行的顾客服务和面对面的顾客服务并无太大差异。你在本书中已经了解到的和即将了解到的方法和概念都是适宜的。只要你注意到我们这里所提到的区别，你就应该掌握了轻松应对多数情况的工具。

47. 使用 BRWY 沟通方式

在第 17 节，我们简单了解了 BRWY 沟通方式，即在你暂时没有时间接待顾客的时候，告诉他们类似于"我马上就来"或"我一会儿就来"这样的话。在服务代表因其他顾客或事务无法脱身，从而让顾客觉得无人理睬的时候，这种方法是一味强效解药。

如果你正在和别的顾客说话或忙着接电话，多数顾客可以理解你，通常也不指望你立刻中断其他的事情来为他们服务。在多数情况下，他们只是希望得到你的注意，希望知道自己并不是无人问津，希望你知道他们人在你的店里。我们已经讨论过无人理睬是一个杀伤力很大的服务导火索，其实被无视的恐惧也很有杀伤力，明白这一点也很重要。当顾客想知道你是否意识到他的存在时，他其实在乎的是，你是否会浪费他的时间。由于你不知道他在旁边等，所以是不是你花在现在的顾客身上的时间会特别长呢？因为你没有看到他，所以是不是讲完电话后你就要走了？当你花片刻时间接待顾客的时候，你帮他减少了这种压力和恐惧，使顾客感到更放松更舒适。

这就如同布置好舞台准备迎接更积极愉快的交流。

BRWY 沟通有很多种形式，可以在各种情况中被有效运用。当你站在收银台后面接听电话的时候，你可以巧妙地用手捂住话筒，对正在等候的顾客说："请稍等。"当你和另一个顾客当面交谈的时候，你就可以等待对话中出现自然的停顿，对和你交谈的顾客说一声："请见谅。"并告诉正在等候的顾客："我们再有几分钟就好了。"

当然，你必须使用自己的判断力。把自己的注意力从当前的顾客身上转移开，这不是建议做法，即使只是转移开一瞬间也是如此。如果正在和你交谈的是一个发怒的顾客，你可能就不应该停下来去接待正在等候的顾客。不要担心，如果等候的顾客可以听到你们的交谈，他可能会非常理解。如果情况不适合使用 BRWY 用语，那也没关系。有的时候，你所要做的只是快速点个头，给对方一个眼神或一个微笑，顾客就知道你看到他了。

像我们在第 46 节讨论过的，当顾客在线等候的时候，重新接待顾客，从而让他知道你没有忽略或忘记他，这一点很重要。这就是 BRWY 沟通特别有效的地方。"您好，我只是想告诉您，希望您谅解我还在接听电话，无法分身。应该再过几分钟就好了。您愿意继续等候吗？还是我把您的姓名和电话记下来，之后我给您回电话？"重申一遍，同样的道理适用于在电话中使用 BRWY 的沟通方式。你也许不能从与顾客当前的沟通中抽身出来这样做，但是在你可以这样做的时候，你应该做到这一点。

要注意：只有在顾客相信你正在做的事具有合理优先性的时候，BRWY 沟通才有效，例如帮助一位先到的顾客或者为湿滑的地面放置一个警示牌。如果顾客看到你在从事什么活动，而他不认为这个活动比他的需求更优先，这个方法就毫无意义，例如你在和同事聊天或者你在查看手机。即使这两项活动都与工作相关，合情合理，他们也未必这么看。要牢记一点：顾客的看法决定顾客的体验。

顾客的看法是 BRWY 之所以这么有用的一个原因。认可正在等候的顾客，可能并不意味着你会加快和当前顾客的沟通，但是顾客可能认为你会。通过认可顾客的存在，你给他传递了一个信号：你正全力以赴尽快接待他，你知道他在等候，你不会浪费不必要的时间完成当前的工作。

BRWY 沟通是最简单、最有力的积极型服务技巧，广泛应用于面向顾客的专业人员，是他们的必备技能。这有助于以一种合适的方式开启顾客的服务体验，让他们不再忐忑不安，而是满怀信心，得到一种价值感和认同感。

48. 如果你想为顾客服务，那就闭嘴

所有优秀顾客服务代表和销售人员都信奉一个两字箴言：闭嘴。学会在顾客说话的时候不出声，这是许多顾客服务和销售行业极为相似之处。当面对潜在顾客或寻求解决问题的顾客时，多数服务代表的第一反应就是说话，提供帮助，并努力避免沉默的尴尬。销售人员也这样做，对产品知无不言，恨不得这种强行推销的方法马上奏效。如果他们不停地说，就对顾客有帮助，这是顾客服务代表和销售人员的本能感觉。而事实是往往他们说得越多，情况就越糟。

我们举一个销售领域的例子，看一看这条原则是怎样用在顾客服务中的。《鲨鱼缸》是我最喜欢的电视节目之一，在这个节目中，一些小型商业所有人自我推销，说服一帮富有的投资者给自己投资。他们的想法有机会转变成真正的生意，投资者如果喜欢某一个概念，就会投入资金。几年前我看了其中一期节目，里面有一个信心满满的先生，他试图为他所在公司的销售培训项目争取资金。在他的自

我推销中，他把自己描述成一个"专家级销售人员"，声称他可以"把任何东西卖给任何人"。在这个聚集着举足轻重的投资商的地方，他的宣言显得相当够胆。[1]

最搞笑的是，他发布完斗志满满的宣言，结束自我推销后，"鲨鱼"投资者之一的戴蒙德·约翰递给他一支钢笔，设定一个经典的面试角色表演场景：把这支笔卖给他。现在，在我的一家零售店里，我们一直沿用这个场景的某个版本，所以我非常清楚接下来应该期待什么样的反应。我期待他提出各种问题。在一线岗位，应该用问题来确认潜在顾客的需求："在我向您介绍我们的钢笔产品线之前，戴蒙德，请允许我问您一句：您想买什么样的笔?"但是多数人会怎么做呢？他们马上开始滔滔不绝地列举产品的特点。"我们的钢笔是不锈钢材质的，您会喜欢我们的钢笔……"如果他们很幸运，他们可能会歪打误撞地说到某个好处："这意味着您的笔不会生锈，因为我知道您生活的地方气候比较潮湿……"能够化解这种推销钢笔式挑战的人会先问问题，然后闭上嘴，仔细听。

那么这位"专家级销售人员"是怎么做的呢？他几乎没有问戴蒙德任何问题，事实上，多亏另一位"鲨鱼"投资者马克·库玉尼的加入，才帮这位销售人员完成了这笔交易。这位先生没有通过仔细询问并积极聆听的方法，引导潜在顾客说出其真实需求（至少节目编辑认为，他没有做到这一点），而是不停地说，寄希望于他说的某一点最终会满足潜在顾客的需求。这很少奏效，在销售领域和顾客服务领域都是如此。

销售行业里有一句老话：说得多不等于卖得多。在顾客服务领域，光靠说话解决不了问题。当顾客把问题告诉你的时候，你有两个选择：依据信息行动和进一步探求信息。有时候，问题很简单，不需要进一步澄清，但是在多数情况下，提出问题才是解决问题正确的开始步骤。这造成以下两种方法之间的区别："您觉得收银员对您无礼，我很抱歉。这位收银员是我们店的最佳……"或者你这样说："您觉得收银员对您无礼，我很抱歉。请您告诉我发生了什么，多给我一些细节，这样我才可以帮您解决这件事。"

刚一见到顾客，我们就把能想到的理由都一一提供，希望某个理由能站得住脚，却没有弄清楚顾客的感受和需求。当然，我们知道顾客在与收银员的沟通中受了委屈，但是没有深入探求这件事对顾客的真正意义。在第二个场景中，我们给了顾客一个被聆听的机会。我们显示出对顾客感受的关注——这就成功了一半——然后我们持续获得有价值的信息，知道该怎样在这个过程中真正满足顾客的需求。

我们将在第 49 节深入研究提出问题的重要性，但是就现在而言，请牢记一点：在顾客服务中最重要的一点就是闭上嘴。如果你以让顾客说为主，而你真正去聆听顾客的话，那么你说的话虽然少，却更有效，也更能与顾客产生共鸣。

参考文献

[1] ABC, *Shark Tank*, season 3, episode 2.

49. 提问题，而且要多提问题

提问是"英雄级别"的顾客服务的核心。如果不提问，顾客服务将举步维艰，服务人员将很难理解顾客的真实困扰，也很难理解顾客在服务体验中的期待值。显示出我们对顾客的兴趣或让他们知道我们在乎他们，做到这些更具有挑战性。然而，一线服务代表在任何顾客服务沟通中，第一反应都是做出回答，这样的一线服务代表不胜枚举。像我们在第48节里知道的，光靠说话解决不了问题，除非顾客的需求已经一目了然，否则专业而有效地向顾客提问才是最好的顾客沟通之道，百试不爽。

虽然不可能一一列举你在提供顾客服务过程中可以使用的问题，但是我们在此提供几个办法，帮助你在与顾客沟通时顺利进入询问模式。如果你致力于在一线工作沟通中更积极地对顾客提问，这份列表不失为一个很好的参考来源。视具体情况而定，弄清楚顾客的以下状况很有用：

- 顾客喜欢什么？

- 顾客需要什么？

- 顾客以前接受过你所在公司的什么人的服务？

- 顾客对你所在公司的体验如何？

- 顾客对你们的产品或服务的体验如何？

- 顾客对你们公司的竞争对手的体验如何？

- 顾客对同类产品的体验如何？

- 顾客对你所在公司或产品的感觉如何？

- 顾客打算用这个产品做什么？

- 顾客的期待是什么？

- 顾客的期待如何没有被你们公司满足？

- 怎样做才能解决顾客的问题？

- 怎样做才能留住顾客？

正如以上问题所示，对于此刻站在你面前的顾客，你很可能有很多不了解之处。信息非常有效，与满足甚至取悦顾客相关的信息，你了解得越多，在营造“英雄级别”的顾客体验时对你越有利。

说一句警示的话。和本书中我们讨论的几乎所有概念一样，如果提问的方法不当，或者过于热衷于提问，那么问题就发挥不了作用。不要过于关注问题，以至于让顾客产生被你讯问的感觉。好的交谈使双方受益，顾客同时也在向你寻求信息。他想知道发生了什么事，为什么发生这样的事，以及你将会怎么处理这件事。他可不想被反复盘问，他只是希望得到理解，希望自己的需求得到满足，希望自己的问题得到解决。要达成他的所有愿望，提问题才是最好的办法。

问题这个话题很宽泛，我们在一节中只能涉及一些基本概念。我希望你从本节学会的只有一点：向顾客提问很重要。在你读完本书后面列出的对话例子后，你会发现提出问题这一做法在与顾客的交流中频繁出现，特别是在应对困难情况的时候，更是如此。

50. 行话是你和顾客沟通时的一堵墙

　　当你使用顾客不熟悉的行话的时候，你相当于用一堵墙把你和顾客隔开。行话是什么？行话是你所在行业或你们公司的内部用语。这些用语你每天都在用，但是顾客可能对此并不熟悉。

　　行话的形式多样。首字母缩略词是人们对行话心生厌恶的一个原因。虽然顾客肯定知道 IRS（国税局）或 FBI（美国联邦调查局）代表的含义，但他可能不知道你们的电脑系统叫作 CID，或者你们的购物软件叫作 DLS。并不让人一目了然的头衔或部门也是行话的主要来源。当提及你的经理或财会部门的时候，多数顾客可以领会这些用词，但是如果你提到你们的"跨部门促进人"或你们的数字采集部门，你会发现顾客当时就眼神一愣。

　　使用行话是习惯使然，所以你必须主动避免使用行话。行话是团队内部的交流形式，你和团队成员使用行话能使沟通更加迅速有效。但是对顾客而言，这种语言使沟通既不迅速也不有效。最好的情况是，顾客仅仅是不知道你在谈论什么；最糟的情况是，顾客会感觉你这样说话是看不起他。

我们来看两个和顾客沟通的例子，第一个例子使用了行话，第二个例子用日常用语谈论同一件事：

"女士，我向您致歉。我们的 DLS 系统出现了缓冲问题。两小时内，我们的 IT 部门会派 CRT 团队尽快维修。一旦系统修复，我应该就可以同步您的记录。"

"女士，我向您致歉。我们的电脑系统坏了，我目前不能调取您的记录。我们的电脑人员说，两个小时内就能修好。在他们把电脑系统修好后，我就能马上获取您的信息。"

你觉得这两种形式的沟通，顾客更可能对哪一种有比较积极的反应呢？你觉得哪一种形式会让顾客感觉与你们的公司格格不入，甚至觉得自己受到冒犯呢？

行话不能使说话人看起来更重要，只能让说话人看起来不好沟通。行话只不过是横在你和顾客之间的一堵墙。请用通俗易懂的语言和顾客说话，把行话留给你的 TPS 报告就好。

51. 这十个能量词语你肯定用得上

因为顾客不明白其中的意义，所以你最好不要使用类似于行话的词语或首字母缩略词。既然如此，肯定有一些词具有相反作用，实际上它们能保证你传达给对方的信息清晰易懂。虽然所有的词语对不同的人可能具有不同的意思，但是有一些词颇具能量，不是因为它们的具体含义，而是因为它们对多数听者都有大致相同的影响。"爱"是这种词的一个例子。这个词对不同的人有着不同的意义，但在绝大多数的例子里，告诉某人你爱他会引起一种强烈的正面反应。

在服务一线，如果你有这种能量词的储备，并把它们融入你的用语中，这不仅有助于在一切顺利的时候营造更丰富的顾客体验，而且能帮你轻松应对棘手的局面。在此列出十个能量词语，供任何面对顾客的专业人员使用：

(1)"感谢"。这个词不言自明。每个人都喜欢被感谢，这个词可以用在很多语境中，而且应该用在很多语境中。"感谢您的耐心。""真诚感谢您的光临。""感谢您给我们这个机会，让我们为您解决这个问题。"

（2）"尊重"。我们在第 22 节讨论过，很难准确敲定尊重这一概念。但是"尊重"这个词本身几乎总是对听者产生一种积极影响。"我完全尊重您的意见。""您特地让我们留意此事，我尊重您的意见并感谢您这样做。"

（3）"负责"。这是一个积极的词，表明你愿意（你的机构也愿意）负责。"我明白，我会对此负责。""我们对此错误负有绝对责任，我会尽一切努力，达成您的要求。"在一些情况下，你需要与顾客对峙，这时候使用"负责"这个词不失为一个很好的方法，让顾客知道造成目前局面不全是公司的过错。"送货迟到，我们非常愿意对此负责，但是我们就零件编号向您确认了三遍，您也在订货单上签了字。"（参考第 72 节中使用"但是"句的内容。）"出现这样的情况，我们当然愿意为我们的失误负责，我向您保证，我们能找到可行的解决办法。"

（4）"理解"。谁不想得到别人的理解呢？站在顾客角度考虑问题是任何面向顾客工作的重要组成部分，没有比"理解"更能传达这一意义的词了。"我理解您生气的原因。""我理解您的感受。""我可以理解您这样解读我们的促销广告。"

（5）"保证"。我们将在第 52 节讨论保证负责这一概念。这种方法的核心是保证本人对顾客负责到底的态度——不论是提供令顾客满意的服务体验，还是解决顾客的问题。在你愿意也有能力做到承诺之事的时候，用"保证"这个词可以给顾客发送一个强烈信号。"我保证一直在这儿不会离开，直到这个问题得到解决。""我保证在周四之前把零件给您送到，即使我需要亲手把零件交给送货司机也在所不惜。"

(6)**"对极了"。**不要光说"对"，还要说"对极了"！在你为顾客服务的任何时候，如果你表示同意时洋溢着热情、态度积极，只会有百利而无一害。"您能在周二之前完成替换吗？对极了！"如果你喜欢的话，你可以改用"确定无疑"或"当然"。找一个你用着舒服的词，把仅仅说"对"这一做法升级到用这个词，如此简单而已。

(7)**"建议"。**"建议"是一个温和但有力量的词。这个词有助于引导顾客，同时又能给顾客掌控感。在告诉顾客他需要怎样做的时候，这是一种合适的说法。在你要对顾客表明坚定立场的时候，不要用"建议"这个词。相反，当你想要弱化一个不受顾客欢迎的信息的时候，你可以说"建议"。"我建议您将软件升级到最新版本。""从磨损情况来看，我们强烈建议您更换两个前轮胎。"

(8)**"选择"。**每个人都喜欢有选择，谁也不愿意彻底失望。当你不能准确提供顾客要找的东西的时候，"选择"是一个极其有用的词。"一个选择就是，我代您给位于里查兰的店打电话。""这里有一个选择，我想您会喜欢。"

（9）**"考验"**。这个词是"问题"一词的绝佳替代词。"考验"这个词比较柔和，暗指这件事比起问题来说更易解决。在讨论顾客的问题时，有时候你可以用这个词，而在谈论自己和公司的困难时，你几乎总是可以用这个词。例如，如果顾客对一个持续存在的服务问题感到愤怒，他可能不希望你轻描淡写地这么说："我理解您所面临的考验。"另外，作为服务代表的你永远没有"问题"，你有的只是"考验"。"对我们的考验在于，我们自己公司不生产这个零件，自从上个月亚洲出现台风以来，我们严重缺货。""圣诞节前把货品送到，这将是对我的真正考验。"如果你在上面两句话里使用"问题"一词，而不是"考验"，那么这些话听起来就不那么正面积极了。

（10）**"解决办法"**。每个人都希望问题得到解决，希望考验得到克服，希望争议得到平息。要让人们能够感觉到前面提到的一切事情都会发生，只需要用一个有魔力的词"解决办法"。"大好消息！我发现了一个极好的解决办法，可以解决您的麦克风总是产生静电这个问题。""我想给您几个不同的解决办法供您考虑。"当你使用"解决办法"这个词的时候，你传达的信息是你已经解决了顾客的问题。

以上的列表不可能面面俱到。很多其他的词对一线服务工作也有帮助。你会发现，其中的很多词广泛出现在整本书里。但是在公认有用的服务词语中，这个列表颇具代表性，包含那些通俗易懂又令人愉快的词语。

学会将列表中的词语运用到你的服务中，但是要避免过度使用，以免让人感觉有失诚恳。如果以真诚的方式适时使用这些能量词汇，你和顾客或同事之间的交谈就会更加卓有成效。

52. 保证负责到底

我们在第 16 节了解到，没有什么事情比惨遭服务机构抛弃更让顾客害怕的了，这是七个服务导火索里最常见的现象，也是最能引起共鸣的一个现象。然而，无论你多么努力避免此事发生，偶尔你还是不得不暂时中断与顾客的联系。你可能需要把顾客的事情交给另一个部门进一步处理，或者需要把顾客的事情上报给主管或经理。在现实生活中，这样的事情总会发生。

对很多顾客而言，在你说你将要暂时中止与顾客对话的那一刻，顾客就会认为自己的事情没有得到解决，有些恼火，这时候他更担心自己会惨遭抛弃。如果以前曾经有很多服务机构把他晾在一边，其中或许也有你工作的机构，这时候他就会马上开始害怕，害怕包括你在内的其他所有人都不会回来招呼他。此时，为了打消顾客因你离开而带来的害怕情绪，帮助顾客保持信心，你需要对顾客做出你会负责到底的承诺，这是我所知道的最好的办法之一。虽然我们在第 17 节简短地提到过这种做法，但是现在让我们深入地了解一下如何更有效地使用这一办法，从而对惨遭抛弃的问题防患于未然，从容解决。

首先，单是你对顾客承诺全权负责这一举动就足够积极，在消除顾客的恐惧和不信任方面大有帮助。请考虑以下两种情景之间的差异：

● "先生，我需要和我们公司的采购部确认一下，他们三个工作日之内应该会给我回复。我得到他们的消息后，马上就给您打电话。"

● "先生，我需要和我们公司的采购部确认后，才能给您一个确切答复，但是我想告诉您的是，我个人向您保证，您提的问题会得到解答。这可能需要三个工作日，但是我会尽量推进这件事情。不管怎么样，周三之前我与您联系，并告知您最新进度，您觉得怎么样？"

第一个回答也不是那么差劲，因为这个回答实事求是，专业感十足，而且承诺跟进。但是这个回答没有做到的是给顾客足够的信心，让顾客知道，这次服务体验将会和之前的其他二十次体验有所不同，从前服务代表说过会给他回电话但却没有回，而这正是第二个回答所承诺做到的。

现在，让我们来学习一些具体做法，你可以用它们来显著提高这种方法的有效性：

●　保证个人负责到底。你说话时需要使用一些短句和词语，好让顾客产生你站在他这一边的感觉，相信你个人对他的问题全权负责。你可能不是解决问题的那个人，但是你要向他保证你会一直与他保持联系，这是你应该做到的。你应该使用类似"我个人会保证"或者"我向您承诺"这样的句子，这样一来，你就能让顾客明白你打算对他负责到底。

●　为下一次联络定一个确定的日期。承诺你会联系顾客的确切日期，坚持这种做法。你不需要承诺解决问题，特别是如果解决与否不受你控制的话，你也无法承诺。但是你向他承诺你会跟进。"我不确定到时候我是否会有解决方案，但是不管怎么样，我保证会在周四和您确认，让您知道事情的进展。"

●　获得联系信息或确认联系信息。即使已经有了顾客的联系方式，你还是要与顾客确认最佳的联系方式，坚持这种做法。向顾客确认信息这个小小举动向顾客传达了一个信号，那就是你说的话是当真的。而且有的时候你会得到预料之外的回答，你可不希望忙活了半天，结果却半途而废，就因为你没有获得正确的联系信息。

先下手为强。这也许是保证负责到底的做法中最重要的一个方面。如果你磨磨蹭蹭，爱提问的顾客已经急得快跳起来，仗还没开打，你就已经输了一半。"什么时候才会有人给我回电话？谁会给我回电话？如果没有人给我回电话，我该怎么办？"如果顾客需要步步紧逼才能得到你的回答，那么你就启动了他那根惨遭抛弃的服务导火索，让他对整个情况充满戒备心理。你需要在顾客陷入被抛弃和不信任的感觉之前，积极做出保证并展现负责态度，而这正是顾客希望在你身上寻求到的。

我明白，读到这里，很多读者可能不处于需要保证负责的岗位，至少用不上以上例子里的具体做法。我教过一种方法，尤其适用于应对那些特别气愤或不信任服务人员的顾客，那就是主动提出发邮件确认服务代表保证之事。这种做法有神奇的功效，因为多数人认为，只要有文字为证，即使情况有变，他们也会感觉舒服很多。

但是如果你在服务区工作，没有办法在工作中发邮件怎么办？如果你工作的时候没有日历提醒你周四需要跟进怎么办？如果你周一出发去度假一周怎么办？无论你做什么职位，总有这样的时候，你无法为一个顾客的问题做出完全负责的保证。在这种情况下，你只需要在力所能及的范围内负起责任即可。"女士，我想告诉您我下周休假，但是我个人保证，经理今天会知道您的情况。如果您周一结束之前还没有得到他的回复，请来电询问。他的名字是比尔·史密斯，您来我们店里也能找到他。"

保证负责到底有一个极好的特点，即使在你没有完全中断和顾客之间的交流的时候，它也非常有效。打比方说，你需要去库房查找一件货品。通常你不需要保证负责到底，但是如果顾客有火气，说下面这样的话可以对他稍加安抚，好让你暂时离开他的视线。"先生，我明白。您感到不满，这非常合情合理。我们之前确实应该就这个特别订单与您电话沟通。我得去后面看一看您订的货是不是已随早上送的货一起到店里了。我向您保证，我会为您一查究竟。"

另外，即使不是在需要离开顾客的时候，保证负责到底的做法也可以为顾客提供额外的关注，营造良好氛围。"电脑显示有四件货品。请您和我一起去那个部门，我会一直陪着您，直到您找到您需要的货品。"当然，在这样的情况下，你不需要保证负责，但是这种做法可以对顾客的心理产生有力影响。你站到顾客那一边，他会很高兴在自己的征程中有一个并肩作战的队友，而他的队友是否微不足道并不要紧。

如果做法得当，保证负责到底能成为"英雄级别"服务代表的兵器库里一件最好的利器。如果把这件利器用得恰到好处，它可以传达给顾客一种信心，让顾客知道自己一方里有一个得力助手。它可以帮助顾客产生一种感觉：即使你暂时离开，也不代表你会踪影全无。

53. 就回复时间争取顾客认同

像我们在第 17 节中讨论过的，当你暂时离开顾客时，一个最有效的方法就是，就回复时间争取对方的同意。这个概念很好懂：你仅需要问顾客是否接受你预计给他回复的日期或时间。这个过程的威力在于，这给顾客一种掌控感，并且他知道他的诉求受到关注了。如果你周四之前没有给他打电话，而他说过这没关系，这时候他怎么好意思生气呢？一旦顾客表示同意，即使不够心甘情愿，他也已经认同了你提出的时间线。这种方法有助于消除你和他之间的压力，如果和前面提到的"保证负责到底"一起使用，就不失为一剂良方，使你在暂时离开顾客时，尽量保持一切顺利。以下是可以结合起来使用的两种方法：

> 玛丽，我刚刚和我的经理说了，她说她需要等周一会计部门上班以后，才能拿到账户的详细信息。我再次向您道歉，因为我目前我无法为您解决这个问题，但是我向您承诺，我们能给您一个合理的解决办法，改善您的服务体验。我周二给您打

电话跟进这件事可以吗？如果我在此之前得到了回复，我的经理或我会打电话给您，但是如果我们到时候还没有得到回复，我本人会在周二给您打电话，告知您事情的最新进展。周二可以吗？

像例子中显示的，当你把"保证负责到底"和"就回复时间争取顾客认同"这两种方法合二为一的时候，你传达的信息能够给顾客信心，使他确信当你暂时离开的时候，他不会被抛弃或遗忘。

既然本书谈论真实世界里的顾客服务，那么我们就需要探讨如下一个事实：有时候，顾客不同意你给他的回复时间。接下来怎么办？你要为这个可能性做好准备，让自己应对无法预见的情况，我建议你在最开始的时候多预留一些时间。你只需要信奉一个古老的顾客服务格言：小心承诺，大力做事。确保留给自己足够的时间，这样你不仅极有可能解决顾客的问题，而且时间充裕，所以你有希望提前回复他。不管怎么样，缓冲时间在交谈开始的时候使你处于有备无患之境，对你大有帮助：

玛丽，我当然理解，我建议周二给您回复，是因为我需要确保能给您一个解决办法。您的问题我会优先处理，我会确保我们的经理周一一早做的第一件事就是处理您的问题。如果周一结束前我给您打电话，告诉您最新情况，这样可以吗？我不确定我到时候是否能找到解决办法，但是我希望可以。

和"保证负责到底"的做法结合在一起的话，"就回复时间争取顾客认同"这一方法可以发挥更大效果，可以化解顾客害怕被抛弃的心理。不管是单独使用，还是结合在一起使用，这两种方法在顺利中断与顾客的联系时都大有帮助。

54. 对做不到的事不要轻易承诺

讨论过"保证负责到底"以及"就回复时间争取顾客认同"这两个话题后，我们应该简要看看顾客服务中最根本性的原则之一：对做不到的事不要轻易承诺。不要告诉顾客一个你不太可能赶得上的回复时间。如果你没有能力坚持始终，就不要保证负责到底。如果你打算度假一周，或者你的公司政策不允许你负责到底，你就不要信誓旦旦地告诉顾客你可以全程跟进，直到事情了结为止。

当然，这个原则也适用于顾客服务的方方面面，这事说起来容易做起来难，别人从来没有这么说过，我就做第一个这样说的人吧。你真的不知道自己可以承诺什么，情况总是这个样子。你不知道财务部门能否在周二之前给你回复。你不知道经理能不能让你不顾公司的政策来解决这个问题。我肯定你以前经历过这种事情，而你束手无策。你希望避免许下一个无法履行的承诺，但是你也希望给顾客一些实实在在的承诺，让他满怀信心，知道后面会发生什么事情。

在这种情况下，我给你的最好的建议就是，和顾客交谈的时候实言相告，措辞谨慎。如果发生超出你权责范围的事情的话，你要表明自己对它们的控制力有限，顾客通常能理解这一点，这是在一线工作的一个好处。虽然你不希望给对方留下只是找借口的印象，但是在你不能承诺某事时，你应该向顾客据实以告。当你处于这种境地时，如果你有能力负责，最好的做法就是保证负责，即使你不能保证结果，但是至少你可以保证会和顾客沟通。不管怎样，你总是会发现自己置身于这样的处境：或者你因为什么都不承诺而显得油嘴滑舌，或者许下无法保证落实的承诺，在两者之间，你需要找到一个微妙的平衡点。

55. 灵活转换的艺术

1992年，当比尔·克林顿竞选总统的时候，在他的竞选总部的墙上贴着一个清单，上面列出三条根本的竞选宣传信息：

(1) 改变还是墨守成规。

(2) 经济，傻瓜。

(3) 别忘了医疗卫生。[1]

这三条信息体现出，克林顿在竞选宣传中希望传达给美国民众的核心观点，这个观点定下了那次总统选举成功的基调。

克林顿的竞选宣传是如何成功地传达这些信息的呢？其中一点就是候选者本人的辞令技巧。克林顿总统有很多值得称道的政治技巧，其中一个为他的敌友所知的技巧就是灵活转换的能力。如果有人问克林顿关于军事作战准备方面的问题，那么他在给出答案之前，早已对经济问题大谈特谈。如果有人问克林顿关于西方水资源的问题，他能一直灵活转换，从这个问题谈到清洁水资源，再从清洁水资源的问题谈到到医疗卫生。灵活转换的方法不仅能为政客所用，

199

如果你有这种能力，你就可以把谈话方向引导到你想要谈论的内容上。这样一来，这种能力就成为一件工具，而且极其好用，应放在你的工具包里随时备用。

我发现很多面向顾客的专业人员缺乏灵活转换的能力。为什么？因为他们回答问题的方式和多数兢兢业业的人都一样，竭尽全力回答被问到的问题。如果问题本身是有价值的问题，比如"这件事你打算怎么办"，那就没有必要转换。但是，如果问题本身使双方的交谈陷入尴尬境地，或者问题本身毫无价值，比如"是你们整个公司都这么无能，还是只有你这么无能"，那么灵活转换的做法可以帮你把谈话引向更有成效的领域。

我在这里举一个典型的顾客服务情景。打比方说，顾客问你："你们的特卖活动昨天就结束了，我今天早上给销售人员打电话的时候，他为什么不告诉我？就因为他，我白白开了40分钟的车？"

"女士，我当然明白您的心情。很显然，如果您预先知道这个信息，现在就不会这样，您也不用一路开车到这里来。但是既然您都来了，就让我帮您看看我可以为您做哪些事情……"

如上例所示，你没有逃避责任，而是把谈话转向更有成效的方向。顾客关注的是发生在过去的出错环节，而你想让他关注的是现在能够改善的环节。

以下是几个具体的灵活转换的技巧，你掌握后可以运用到自己的顾客沟通中去。虽然这些技巧实际上都很相似，但是每一个技巧都提供略有不同的做事方法，可以审时度势地稍做改动，应用到特定情形中。为了节约时间，暂且假设你已经知晓以下例子中的情况，而且你也需要进一步推进谈话：

● **时间转换**。像上面的场景一样，你希望帮助顾客转移注意力，不要专注于之前发生的事，转而关注现在你能为他做到的事。"我们来说说今天我可以为您做些什么。""我想告诉您目前我可以找到的几个解决办法。"

● **最好办法的转换**。这种形式的灵活转换会融入一些润色措辞的技巧，用这种方法，你可以努力把谈话转移到高于目前谈话层次的水平。"我能为您提供的最好的办法是……""请让我告诉您解决目前问题的最好方式。"

● **征求同意的转换**。在这种情况下，你征求对方的同意好转换话题。通过这种方式，你向对方显示自己想要推进话题的意愿。"如果我问您一个问题，您介意吗？""如果我给您提供几个选项，您觉得可以吗？"对于真的很生气的顾客来说，这种灵活转换不太奏效，但是这种方式很温和，可以应对那些似乎不能专注于解决办法的顾客。

● **同类事件的转换**。这种类型的转换使用同类事件的办法，引起顾客兴趣，从而把谈话向前推进。"我最近经手过和您相似的情况，我当时成功地为那位顾客找到了解决办法。""我为几周前的一个相似情况找到了完美的解决方法，我相信您会喜欢那个解决办法。"

● **意图转换**。在此，你仅仅需要表明意图来帮助顾客，把这当作转换话题的方法。"我的目标是为您扭转目前的局面。请允许我告诉您……""我想为您修正此事。这里有几个选择……"

如果运用得当，灵活转换的方法极其有效，但是如果运用不当，灵活转换的方法会使服务代表看起来太有心机，或显得不够诚实。如果灵活转换运用不当，服务代表既显得懒得回答顾客提出的问题，也显得懒得解决顾客为之生气的问题。我想你也不愿意被人看作狡猾的政客。有效的灵活转换不是为了逃避问题或责任，而是为了使话题不要陷于问题的泥沼之中。

既然灵活转换的能力并非与生俱来，那么掌握这一技巧的最好办法就是，在顾客不在场的情况下多加练习。我建议你写下公司收到的顾客投诉意见，然后尝试使用各种类型的灵活转换方法，看哪些方法最奏效。专注地记住自己用着舒服的几个过渡性的短句，并习惯于在真实场景中使用这些短句。通过掌握三五种放之四海皆准的现成短句，你会发现自己游刃有余，可以轻松地把与顾客的交谈推进到有成效的层面。

参考文献

[1] Michael Kelly, "The 1992 Campaign: The Democrats—Clinton and Bush Compete to Be Champion of Change; Democrat Fights Perceptions of Bush Gain," *New York Times*, October 31, 1992, http://www.nytimes.com/1992/10/31/us/1992-campaign-democrats-clinton-bush-compete-be-champion-change-democrat-fights.html.　Accessed August 24, 2014.

Be Your Customer's Hero

第 7 章

掌控困境

56. 投诉是系着缎带的礼物

到目前为止，我们一直密切关注心态。在我们开始探讨掌控困境这一话题的时候，作为一线专业人员，你最好学会积极看待投诉。我们不能自欺欺人，投诉的确很糟糕，尤其是那些极其令人不悦的投诉更是如此。谁也不希望收到投诉，因为多数投诉都含蓄地表达批评，批评你个人或你公司让顾客感到失望。谁会想听这个？

然而，投诉还有另外一面，值得我们深思：如果顾客不投诉，那怎么办？通常来说，回答是这样的：这不见得是一件坏事。沉默损耗——顾客离开却并未批评公司——才是很多商家的大问题。安德烈亚·J. 艾尔斯供职于 Convergys 公司，这是一家销售顾客及信息管理产品的公司。根据他的说法，由于顾客的沉默损耗，公司会失去 12％的顾客，各个行业普遍如此。在信用卡行业，沉默损耗带来的顾客流失数字是 43％。[1] 更糟糕的是，顾客其实不是什么都不说。他把自己的糟糕经历告诉了很多人，可就是不告诉你。这才是投诉之所以重要的原因。当顾客告诉你哪里出错了，不管他说话的方式多么令人不悦，他都是在给你一个和他沟通的机会，让你了解他的问题所在，希望你能解决他的问题，从而挽救你们之间的关系。沉默却不能给你这样的机会。

在《投诉有礼》（*A Complaint Is a Gift*）这本书里，作者贾内尔·巴洛和克劳斯·莫勒推翻传统观点，认为投诉不是一件多么令人害怕的事。他们认为，投诉应该受到欢迎，机构可以从投诉中获益，包括明白哪些事情顾客认为重要，获得与提升产品和服务相关的建议。巴洛和莫勒提出这样的解释：

> 用简单的话说，投诉表述出没有被满足的期待值。它们也是机会，让服务机构通过改进产品或服务的方式，与顾客重新建立联系，这一点或许更加重要。这样一来，投诉成了顾客送给商家的礼物。如果商家小心翼翼地打开包裹，仔细研究里面的礼物，所有人都能受益。[2]

这一概念给我们一个重新看待投诉的极佳方式。在一线工作的时候，欣然接受这种想法有一定困难。当顾客滔滔不绝，说你的公司什么都做不好，如何如何让他失望透顶，毁了他一天甚至于整整一个月的时间，你会怎么积极看待投诉？我们会在第 7 章和第 8 章讨论应对投诉的做事技巧和说话技巧，但是我在此提出很重要的一点：记住无论投诉多么措辞激烈、复杂无比，它对你和你的公司都

是有价值的。因为最终，你对投诉的看待方式能够很好地向你提示

投诉的解决方法。

参考文献

[1] Andrea J. Ayers, "Executives Have No Idea What Customers Want," *Forbes*, March 10, 2009, http://www.forbes.com/2009/03/10/con sumers-executives-disconnect-leadership-managing-convergys.html. Accessed September 23, 2014.

[2] Janelle Barlow and Claus Moller, *A Complaint Is a Gift* (Berrett-Koehler, 2008), digital edition, 75.

57. 聆听是起点，理解是终点

在第 48 节，我们讨论过在顾客说话的过程中，服务人员闭上嘴、聆听的重要性。但是，聆听只是成功的一半，理解才是最终目标。当你的服务对象是感到不满或愤怒的顾客的时候，这一点尤其重要。聆听不总是等同于理解，因为顾客不一定总能告诉你他的真实意思，也不会告诉你给他造成真正困扰的关键所在，也不会告诉你需要哪些信息才能解决他的问题。想象一个顾客这样对你说："对这种事我已经忍无可忍，每次我来你们这里，你们这些人都弄得一团糟。"你从顾客的问题中了解到什么？你明白顾客认为你们公司反复出错，但是哪里出错了？怎么出的错？他的哪些期待没有得到满足？你没有足够的信息来了解这一切。

或者我们打个比方说，一个顾客很生气，因为他等候午餐的时间太长。他说自己很赶时间，但是你和他聊了一下，发现他三分钟前才点的餐，等候时间在你的餐厅里并不算长。你可以理解他为什么会生气，但是他怒火爆表、气势汹汹。他说等候时间过长，但是你真的明白他到底为什么如此生气吗？也许他这一天过得很糟糕，拿你撒气，也许等待午餐以外的其他什么事在困扰着他。这些你并不知情。

注意聆听对方的话，并在必要的时刻提问，理解来源于这样的做法。这一点可以从前面的两个场景中看到。在第一个场景中，如果你继续跟顾客一探究竟，你可能会知道她九个月前就告诉销售代表，如果某个牌子特价销售的话，一定要打电话告诉她，虽然销售代表说他会记下来，但是没有这样做。每次顾客来到店里并且看到那个牌子在特价销售，他都会因为没有接到电话而愤怒。在第二个场景中，问过顾客之后，你会明白让顾客发火的并不是三分钟的等待时间，而是因为当他告诉柜台服务人员他很着急的时候，对方却回答："对不起，先到的人，先得到服务。"如果你深入挖掘，理解顾客并了解问题的来源，这时候你就可以解决这些问题。

在顾客服务中，一切有建设性的交流都源于努力了解对方观点。无论是应对顾客投诉，还是积极主动地提供私人化的顾客体验，你都需要诚心诚意地努力，不仅认真倾听他说的话，而且确保真正明白他想表达的意思和他没有成功表达的意思，这是成功交流的根本所在。解决办法非常简单，只需要认真倾听，然后提问，提出很多很多的问题。

58. 用 CATER 服务流程迎合顾客

我们看一个可以应用于多数顾客服务情景中的简单流程。如果你接受过某种正式的顾客服务培训，你可能曾经接触过这个流程的某个版本。虽然步骤的数量和首字母缩写因作者而异，但是多数人在强调注重顾客服务反应时都会提到以下概念。我们即将讨论的 CATER 流程是我认为最有效的组合：

● 专注（Concentrate on）于顾客说的话。我们在上一节讨论过倾听和理解的重要性。确保你专心接待顾客，这样顾客就知道你在关注他，并且竭尽全力理解他面临的问题，这是处理任何顾客问题的开端。

● 认同（Acknowledge）顾客说的话。既要认同顾客的感受，也要认同顾客所说的话里包含的细节。这往往是向顾客重复信息的最好时机。"我理解这多么令人沮丧。如果我刚进商店就碰上店员要闭店这样的事，我会很不高兴。"

● 感谢（Thank）并道歉。在你不觉得勉强的时候，随时向顾客致谢，感谢他让你关注到这一事件，感谢后再真诚地道歉。不要掏心窝地说你多么深感歉意，简单地说"我向您道歉"或"我很抱歉"，再加上一个简短的理由，这样就可以了。（我认为"道歉"的说法传达的信息在多数情况下比"抱歉"更到位。）"谢谢您帮助我们注意到这件事。我们的钟表不能自动更新日期，有可能是因为钟表出了问题。同时，也为您的遭遇向您道歉。我们的员工真不应该转过身去，把挂在门上的钟表的时间指给您看。"

● 解释（Explain）原因。让顾客明白你为什么不能满足他的请求，或者在适当的时候，让顾客明白某件事发生的原因。当然有一些话还是不说为妙，但是如果你可以提供一个理由，这通常有助于让顾客理解当时的情形。在顾客看来，你给出的原因越合理，这个方法就越有效。"虽然他确实不应该用这种方式和您说话，但是我想让您明白，我们严格在规定时间闭店，主要是因为这一带的安全问题以及为我们服务团队的安全着想。我向您保证，以后我们会避免这种情况，您不会再失望的。现在，如果我……您觉得可以吗？"

● 解决（Resolve）当前情况。尽你所能解决顾客的问题。如果你不能直接给顾客他需要的解决方法，那么就提供选择，我们将在下一节对此做更加详细的探讨。

在解决顾客争议方面，CATER 服务流程是一种简单有效的方法，但这种方法只是一种导向，算不上法则。真实世界中的服务沟通不会总是给你那么多时间，让你从容地遵循一个连续的流程。另外，你不会每次都能完成全部流程中的每一步。有时候，你不会向顾客道歉；有时候，你不会向顾客解释原因；还有些时候，无论怎样努力尝试，你都无法解决争议。但是，如果你在处理顾客争议的时候，把这个服务流程记在心里，你就会发现它给你提供了一个有用的框架，让你能够解决棘手的服务争议，使你免于困扰而不必问自己："我下一步该怎么办？"随着后面内容的展开，你会发现这个发挥地基式功能的流程偶尔被提到，我们在此基础上添砖加瓦，用来解决具体的难题。

59. 关注做得到的事，而不是做不到的事

我们在第 55 节讨论灵活转换时，介绍过怎样把无成效的谈话转换为有成效的谈话。然而有时候，需要转换思路的不是顾客，而是服务代表。顾客一心想着事情错在哪里，想着他们想要什么，想着服务代表为什么不能让他们称心如意，这是常有的事。更常发生的事情是，服务代表就陪着顾客想这些问题，专注于他们无能为力的事情，却从来不告诉顾客他们能做到什么。面向顾客的服务代表需要学会的是，在任何特定情况下都能专注于能为顾客做到什么，这是能为他们所用的最有价值的调试方法之一。

在沟通的开始，当你不能够满足顾客需求的时候，你只需要在对话中简短地关注你"做不到"的那个部分。有一个很好的方法可以帮助你实现这一点，布置好推进谈话的舞台。对顾客说"不"的最根本的一条准则就是：不要说"不"这个词。人们对这个词有一种既定反应，而这种反应不是积极的。当我们还是孩童的时候，如果我们想要什么东西，却被告知不行的时候，大人通常对我们说

"不行"，那时候我们不喜欢这种说法，现在也不喜欢这种说法。当你不得不告诉顾客你无法满足他的需求的时候，直接从处理"做不到"的部分开始（解释环节），然后把谈话转移到你能做到的事情（解决环节）。遗憾的是，有太多一线服务代表解释完他们做不到之后，就没有下文了。

一线服务代表给出"不行"的回答后，是否继续为顾客提供其他选择，这是我判断一线服务代表是否需要顾客沟通方面重点培训的最明显标志之一。他们告诉顾客他们做不到什么，然后就到此为止：

- "对不起，我们这里不卖这些商品。"（之后无话可说。）

- "对不起，我不能这样做。我们不被允许进入库房。"（之后无话可说。）

- "我手里没有送货日程安排。"（之后无话可说。）

这种封闭式回答的弊端在于，它们营造死胡同式的体验。你可不希望把一句封闭式的话甩给顾客，特别是那种告知对方你无法提供他所要求的服务的话。如果你不能给顾客的需求一个正面的回应，那么就给他列出那些你能做到的事作为选择。这和我们在第 39 节讨论过的概念一样，那时候我们讨论的是充当顾客的私人侦探。在那一节里，我们说过"英雄级别"的服务代表从来不会空手而归。这里说的准则也是一样，只不过环境不同，前面说到服务代表尽力搜寻缺货商品或回答技术问题，而这里的环境超越前面提到的环境，在不能提供顾客需要的商品的时候，你如何与顾客交流，这才是现在讨论的问题。小到免除运费的请求，大到因错过送货时间而大发雷霆，面对这些顾客服务情境，"英雄级别"的服务代表总会给出能为顾客做到什么的回复，并且会努力将双方的对话引向这个方向。

顾客希望得到自己想要的东西，在他们得不到自己想要的东西的时候，他们需要回答，也需要其他选择。如果你不能提供顾客需要的东西，那么你就要关注在此类情形下如何尽量为他们提供最好的选择。比方说，一个顾客需要知道他想买的婴儿推车在周四之前能不能到货，你知道有三辆车要从配送中心过来，但是你不能从系统里查出到达的具体日期。

"我希望现在就能告诉您，"你对顾客说道，"但是从我们的店内系统里我查不到送货日程。我很乐意在配送中心早上一上班时就为您的事给他们打电话，我明天一得到他们的回复就给您打电话。我能否……"

"我明天不在家，我之后的整个一周都在外面度假。"他简短而无礼地说。

"我今天没有办法给您答复，我真的很抱歉，但是我向您承诺，我们会尽快让您要的婴儿推车到货。如果您愿意的话，我明天可以给您留一条电话留言。而且如果您不介意我问一下的话，您要出门多长时间？如果您很快就回来的话，我能确保我们给您预留一辆婴儿推车，这样您回来的时候货就在我们店。您看这样可以吗？"

像任何顾客服务的情形一样，有很多方法你都可以试一试。看顾客的反应，你可以为他提供库存编号让他上网去查，或者提出用邮件把信息发送给他。假设你这样做合情合理，你毕竟给顾客提供了某些选择，和前面那个事实比起来，你提出要为顾客做什么事其实不那么重要。不管你是提供了一个替代解决办法，还是仅仅提供了信息，让顾客自己告诉你，你能做些什么。你会发现关注"能做"而不是"不能做"往往会产生很大区别，前者能把顾客安顿好，而后者只会让顾客更失望。

60. 你对不对不重要，把事情做好才重要

把和顾客之间的争议当作需要打赢的一场战役，这类一线服务代表真是不胜枚举。他们对待顾客的方式像控诉方的律师，一心想证明自己是对的，其他的他们都不在乎。他们让自己的骄傲凌驾于服务之上，让自我辩解凌驾于解决顾客当务之急之上。他们听任服务沟通情况恶化，甚至与顾客争吵，当事情发生到这一步的时候，服务代表就已经输了这场战役。

"但是如果我是对的呢?"一线服务代表经常这样问我。

"那又怎么样?"我会告诉他。"就算你是对的，在 99％的事例中，这重要吗?"

在多数事例中，这不重要。在这一点上，我们本能的做事倾向与我们提供"英雄级别"顾客体验的能力互不相容。打心眼里说，我们希望顾客知道他是错的;我们希望自己占领道德高地;我们希望顾客放聪明一点，不要把我们当傻子戏弄;我们希望顾客知道我们没有把事情搞砸;我们希望顾客知道他不仅说谎而且歪曲事实。

但是多数时候，我们试图传达的信息，对方并不能够接受。畅销书作者塞思·戈丁在 2013 年 5 月发布的博客文章《给大家一个教训》（*On Teaching People a Lesson*）里，这样简洁地总结道：

> 实际上你不需要给对方一个教训，因为最需要得到教训的人没有得到过教训，他们也不愿意接受教训。实际上，你只不过是陷入了一场不切实际的征途，你苦苦追求公道却不可能得到公道。这种做法既会使你偏离既定路线，又会毁了你的一整天。[1]

这条准则和你在与顾客的交谈中试图占上风是一个道理。不管你仅仅打算证明自己是对的，还是打算让顾客明白，他不会因为自己的怒火、谎言而得逞，其实你都不太可能给任何人教训，你只不过是在分散宝贵的精力去满足某种"想赢"的内心欲望。我明白，有的时候你不想让步。顾客错得离谱，或者顾客明摆着想占你的便宜，而你不希望给他成功的快感。但是在多数情况下，傻子才这么做。

那么到现在为止，我说的所有话，你应该这样理解：事实是不重要的。在我回访愤怒的顾客之前，我希望了解事实。我希望知道顾客说我们做过什么，没做过什么，以及他说的话是不是实情。这种了解给我一个视角，帮我看待任何操作方面可能出现的争议，也让我对顾客有个初步认识。有沟通方面的争议吗？他对什么事有误解？他与现实完全脱节？了解事实往往可以产生重要的深入认识，但是在多数情况下，我不会在与顾客相处时使用这些信息，因为证明我对他错不是我的目标。

除了根据情况的相关事实得到深入认识，在其他几种具体的情形中，我也使用一些技巧，用与顾客主张相抵触的事实来反驳顾客。有以下三个场景：

（1）当顾客对事实有错误认识，交流无法进行的时候。 当使用其他不那么针对性的技巧不奏效的时候，有时候有必要直接用事实来确保取得进展。比方说，一个顾客坚持说你们机构中没有任何人打电话告诉过他特别订单已经到货。"先生，我刚才查看过我们的记录，记录显示我们确实给您打过三次电话。约翰在 5 月 28 日给您留了电话信息，斯塔西在 5 月 30 日给您留了电话信息，我个人昨天给您留了电话信息。也许我们没有您的最佳联系号码。"在类似这样的情况下，摆出事实很有用，可以帮助顾客转而关注解决办法。当顾客纠结于他认为你们公司做过什么和没做过什么，拒绝让你用一种更温和的方式推进谈话的时候，重提事实有助于重置谈话，从头开始。

（2）当你认为顾客对公司能力的认知对长期服务至关重要的时候。 有时候，顾客对你的公司做过什么、没做过什么抱有误解，你不希望就此结束谈话。你知道如果不更正他的认识，他会在头脑中进一步强化这一认识，因此形成的框架会影响他对未来沟通的看法。你希望让顾客明白你们的做法没错，或者你希望顾客明白即使你们有失误，这也不是你们的一贯做法。

3. 当顾客的主张存在安全或责任暗示时。顾客偶尔会提出欠准确的主张，存在责任暗示。你明白他要么有所误解，要么是信口开河。在这种情况下，用事实和他讲道理通常很重要。当然出现这种情况时，遵守公司的政策和程序至关重要，但是这些时候你需要使用事实来反驳顾客的不实主张。

当你决定用实事求是的方法反驳顾客的时候，处理事情的敏捷度很重要。你希望自己反驳的方式把情况化解掉，而不要让情况愈演愈烈。更重要的是，只有在必要的情况下才需要用事实反驳顾客，正如前面几个特殊情况所示。你的目的是帮助顾客解决争议，给他营造良好的消费体验，即使当他的不满可能建立在他自身的某些误解上时。最后一点，你绝对不应该在处理顾客争议的时候寻求个人正确，你只要把事情做好就可以。

参考文献

[1] Seth Godin, "On Teaching People a Lesson," May 2013, http://seth godin.typepad.com/seths_blog/2013/05/on-teaching-people-a-lesson. html. Accessed September 23, 2014.

61. 让愤怒的顾客出击，直到他们无力再击

当你面对不悦、生气，甚至是愤怒的顾客的时候，我可以给你一条顾客服务方面的建议：让他们出击，直到他们无力再击。这条建议非常有效，也非常简单好用。出拳直到精疲力竭的说法主要来自拳击运动，但是在很多格斗竞技比赛中也都有用。它的目的是让拳击手对对手连环出击，直到无力再出拳为止。拳击手用尽全力也没能把对手打倒，结果自己"油箱"耗尽，无法再攻击对方。

生气的顾客和上面的拳击手十分相似。当他冲你发火的时候，通常他火力十足，斗志昂扬。他心里有话要说，不吐不快，你就要做听他说话的那个人。当然，作为承受连续攻击的这一方，你苦不堪言，但是好消息是：如果你给他足够长的时间让他出拳，最终他会没有力气再攻击你，你就做好接下来好好交谈的准备。（显而易见，我这里所说的出拳是比喻意义的，顾客可不应该真的用拳头打你。）好了，拳击的比喻到此为止。很清楚的一点是，你的目的不是让顾客打累之后你好打他，而是让顾客打累之后不再打你。

在我们了解这种技巧的细节之前，让我们看一看你不使用这种技巧的话情况会如何。如果你和多数服务代表一样的话，你会对顾客的攻击进行防御。你开始找借口，纠正顾客的说法，通常也从公司立场出发向顾客进行解释。如果你接受过一些顾客服务方面的培训，那么你这样做便是误入歧途。但是至少你应遵循某种认可、道歉、解决的基本服务流程。这是一种条件反射式的反应。如果顾客的怒火殃及你，你希望了结此事，你肯定不愿意坐在那里，听之任之。但是通常来说，你恰恰应该这样做。事实上，顾客火气越大，你越应当让他自己把火发完。

我对以前在我的一家零售商店里给顾客体验主管做培训的经历记忆犹新。我告诉她："如果你记不住这次培训里的其他内容，你就记住这一点：让他们出击，直到他们无力再击。你会遇到强大的'拳击手'，他们来找你之前就已经怒气冲冲，所以如果需要的话就让他们把火发完。"几年后，当我问她在工作中得到的最重要的建议是什么的时候，她说就是让顾客出击，直到他们无力再击。

这里列出了使用这个方法的三个步骤：

（1）让顾客说个够。只要顾客需要，你让他们尽情说，想说多久就说多久。好吧，我的意思不是说你完全不吭声。听到对方停顿或关键点的时候，使用积极聆听的方法让他知道你在专心听他说话，特别是当你通过电话和对方交谈的时候。

（2）让谈话继续。当你认为顾客说完话或语速慢下来的时候，等一个好时机，问他一个其他方面的开放性的问题。努力集中讨论你认为使他最生气的事情。"我明白整件事情使您非常不满。我刚才注意到，您说到我们公司的电话接线人员是怎样对待您的。您能再多说一些这方面的事情吗？"多数时候，第一轮结束时，顾客还没说完。你默许他继续说。你通常能再听到一大堆的埋怨。

（3）得到解决办法。一旦他语速再次变慢，或者不再说话时（除非你感觉他还有话没说完），你就该按照我们在第 58 节讨论过的 CATER 流程来做。之后如果需要的话，你要问顾客一些问题，这样做的目的是澄清细节，或者明白你能做什么才能解决这个问题，让顾客能继续高兴地购物。有一条好的法则：顾客说话的时间越长，措辞越激烈，你就应该花越多的时间与之交流、向他道歉。在适当的时候，你甚至应该站在公司立场上向他解释。你应该就他所面临的情况与他建立联系，让他明白你真的了解他有多气愤。换句话说，不要让顾客连珠炮似的说上 15 分钟，然后直截了当地说："所以要解决您的问题，我能为您做些什么？"当他把所有的精力都放在对你发泄不满上时，他很在乎自己的话是否被你听到，在乎你是否明白他的感受，而他也同样在乎解决办法。

讨论这种方法的时候，一线服务代表经常问这样一个问题："我要是没有时间怎么办？"这是一个合理的顾虑，因为有些生气的顾客要说的话很多，听他说这些话会花掉你一整天的时间。到最后，整件事就变成就事论事的问题。这种情况下，用哪种方法能创造最大效益呢？如果让一个顾客尽情发泄，结果你却因此怠慢了此刻需要关注的顾客，那么通常你可能需要简化这种方法，或者干脆避免使用这种方法。但如果只是因为你自己的工作清单上有一大堆事情（谁不是如此？），那么你还是花点时间让顾客把火发完比较好。如果顾客想说的话太多，你只要尽力调整好当时的局面，就有可能为你和公司免去麻烦，从长远来看，不必花费更多时间面对更大压力。

在使用这种方法的时候，你应该明白的是，在一些小概率的情形中，往往事与愿违。偶尔地，谈论情况的过程会激起顾客更大的怒火，特别是当这种情况已经持续一段时间的时候。对每个细节旧事重提，实际上会让顾客回忆起并重新经历所有的争议。就是这些争议造成了现在的局面，他在说这些事情的时候就会更加怒不可遏。当这种情况发生的时候，通常可以从两种方法中选择一种，而你得判断用哪一种更合适。要么他会一下子把火发出来，然后归于平静；要么他会变得更加愤怒。你应该不计一切代价避免后一种情况的发生。判断这种情况即将发生的唯一方法就是，密切关注顾客说话的语气和他说的话，还有他的态度变化的轨迹。没有铁律告诉我们应该把谈话引向何处，你需要明白这种方法可能会适得其反，而且你需要发现顾客是否因为谈论细节而变得越来越愤怒。

　　让发火的顾客出击，直到无力再击，这种方法在绝大多数时候都管用。坦白来说，这也是我在应对顾客生气时最有用的技巧之一。你再遇到顾客发火的时候，试着用一下这种技巧，你会很惊奇地发现，一旦等他们撒完气以后，他们会比之前好相处得多。

62. 顾客说个没完，你该怎么办

偶尔，你会发现自己面前的顾客说起来没完。这可能是因为他想解释细节，他觉得你需要了解这些细节才能明白他的处境。也可能是因为他想把和你们公司打交道的过程从头至尾、事无巨细地告诉你。甚至有可能是因为他对发生的事情很生气，需要宣泄，这一点在第61节里我们讨论过。不管大的背景如何，为了避免这样的场合，你需要解决顾客说起来没完这一现实问题。

在前一节的后面讨论本节内容，我是有意而为之的，这样一来我便可以证明：这两种方法并不矛盾。在合适的时候、合适的环境，你可以让顾客释放怒气；在另一些合适的时候、合适的环境，恕我直言，你就该打断他们的话。你需要知道什么时候，用哪一种方法更保险。

当你知道需要把顾客转交他人才能解决争议的时候，就是打断顾客对话的最佳时机。如果你从交谈一开始就明白，你需要把顾客转交给其他人接待，那么你就不希望让他把自己遭遇的事滔滔不绝地说上五分钟。你有两个选择：让他说下去，或者打断他。两个选择各有利弊，在两者之间进行抉择需要判断，你需要知道哪一种更容易被顾客接受。例如：

> 抱歉，先生。请原谅我打断您的话，但是我希望尊重您的时间。根据您刚才给我的信息，我的判断是，我需要联系其他人来协助解决您的问题。我明白您需要跟好几个人复述您的经历，这事确实令人恼火，所以如果我能问您几个具体问题的话，我应该能够给您联系到能帮到您的人。

如果时机选择得当，应对合理，通常这种介入能够被顾客理解。你需要确保在打断顾客时满足以下条件：

(1) 从一开始就表明你需要打断顾客的话。虽然你绝对不应该和顾客抢话说，但是如果你在顾客短暂停顿的时候插话，这也算是打断对方。你和顾客都明白他的话没有说完，所以你需要坦白而专业地表明这一点。"抱歉。""请原谅我打断您的话。""对不起，我需要插一句话。"

(2) 为顾客而介入。如果你要打断顾客的话，唯一的理由就是因为这样做对他有好处。所以致歉后确保马上告诉他你为什么这样做。"我很抱歉，但是根据我的判断，我需要把您转交给另一个部门。如果您不介意的话，请允许我澄清几个细节，以便把您转交到合适的部门，这样您只需要再跟他们说一遍您的情况就够了。"

打断顾客的话是一门技术活，要小心谨慎。你不总是知道时机对不对，也不总是知道什么时候才是时机，但有时候，比起让顾客无意义地讲述自己的经历，还不如打断他说的话，这样的情况肯定是有的。当出现这种时机的时候，以上的忠告应该可以顺利地打断顾客的话。

63. 润色措辞的艺术

　　当你的选择有限而无法满足顾客诉求的时候，用一种最容易被顾客接受的方式表述这一情况，这是你能采用的最行之有效的方法之一。润色是心理学的一种技巧，这种技巧涉及呈现某个积极（或消极）语境中的信息，旨在改变信息对某人或某人群的影响；只有小心措辞，才能让人们对于某一特定信息更容易接受。

　　为了理解润色措辞的概念，我们来快速浏览几个商业或非商业情境的例子。

　　● 什么事情能让你感觉更快乐：是你最好的朋友得到比你更好的工作，还是你最好的朋友终于实现了他的毕生目标？

　　● 哪种交易更能让你感觉快乐：因为你是贵宾所以得到八折优惠，还是因为店家需要给新产品腾地方所以你得到八折优惠？

　　● 你会选择哪一种产品：75％是瘦肉的牛肉，还是25％是肥肉的牛肉？

如果你回答说，你更喜欢 75％ 是瘦肉的牛肉，和你有同样答案的人不在少数。这是一个真实调查中有关润色措辞的问题，参加者认为含 75％ 瘦肉的牛肉"更瘦、更优质、不太油腻"[1]。瘦肉比例虽然一样，但是润色措辞的调整在很大程度上改变了人们的认知。我敢打赌，你已经开始明白这种技巧在顾客服务方面的用处，所以让我来深层挖掘几个例子，以此展示你可以怎样使用润色措辞的方法，让与顾客之间的交谈更有效：

● 如果你希望让顾客更容易接受货物的延迟，你可以说："我最早周二可以收到您要的零件。"而不是说："周二之前我收不到您要的零件。"

● 如果你希望弱化一个显得强硬的回答，你可以说："厨师很乐意专门为您做一道私人定制的特色菜。"而不是说："很不幸，我们的特色菜卖完了。"

● 如果你希望顾客明白你所提供的产品的优点，你可以说："实际上，这个型号能更有效地满足您的需求。"而不是说："这种型号和您想要的型号最相似。"

如果把润色措辞和其他影响顾客行为的心理学概念结合在一起使用，这种方法的效果更好。例如，顾客都愿意规避损失，比起有所获得，其实他们更不愿意失去。"我想要确认的是，您之前辛辛苦苦才累积下来的积分，不会因为您离开我们的项目而全部失去。"可以用另一种方法，就是使用毫无吸引力的第三个选择来影响顾客的决策。比方说顾客希望得到现金退款，你却没有权限这样操作，你可以用一种方式来说这句话，让现金退款这个选择显得没有那么诱人。"我可以立刻把您的退款存在您的会员卡或礼品卡里，或者我可以向经理提交一份现金或支票退款的申请，不过这可能需要一周的时间。"

一个简单的词语就可以影响顾客的选择。在一个实验中，撞车事件的目击者被问及车速。一组人被问及两辆车"撞击"时的速度，而另一组人被问及两辆车"接触"时的速度。[2] 目击同一撞车事件的两组人中，"撞击组"估计的车速高于"接触组"的估计。同样，你可以时刻留意顾客的想法和忧虑，用支持顾客感受的词语来润色你的回应。如果顾客似乎专注价格或者希望打折，你就要使用"物有所值"或"最大折扣"这样的说法。如果顾客似乎是因为无人理睬而生气，你就要使用"您理应受到关注"和"我们非常重视您这位贵客"的说法。第51节列出的能量词在这里就非常有用。

润色措辞的用处不仅限于这一节里所列举的反应型的情况。这种方法也可以用于你的邮件、你的手写内容甚至你的招牌等。但是，一定要注意：润色措辞并非放之四海而皆准，这一点很重要。正如和语言相关的所有其他方面一样，润色措辞对不同的社会群体有不同的影响。不动声色地隐晦使用润色措辞效果最佳，这样不会因为强行使用某种技巧而显得生硬尴尬。

润色措辞有助于让顾客用你所希望的方式看待事情。不管你是不是选择把它作为一种方法使用，你都应该知道你一直都在润色措辞。不论你说什么话，你说的话都自动形成了一个润色措辞体系，而顾客将在该体系内理解你所说的话。你可以控制体系的内容，或者你也可以顺其自然。只要你说的话句句属实，顾客要什么信息你都一一奉上，为什么你还需要考虑使用无法有效传达你的意图的语言呢？为什么不制造一个润色措辞体系来营造更积极的顾客体验呢？

参考文献

[1] Craig McKenzie and Jonathan Nelson, "What a Speaker's Choice of Frame Reveals: Reference Points, Frame Selection, and Framing Effects," *Psychonomic Bulletin and Review* 10, no. 3 (2003), 596, http://psy2.ucsd.edu/~mckenzie/McKenzie&NelsonPBR2003.pdf. Accessed September 23, 2014.

[2] Noam Shpancer. "Framing: Your Most Important and Least Recognized Daily Ment," *Psychology Today*, December 22, 2010, http://www.psychologytoday.com/blog/insight-therapy/201012/framing-your-most-important-and-least-recognized-daily-ment. Accessed September 23, 2014.

64. 助你成交的销售技巧

正如我们在前文中讨论过的，如果把销售领域的主要技巧应用于顾客服务领域，它们发挥的作用就不可小觑。广义地看待"销售"这个词是有益的。通常来说，你总是在销售什么东西。例如，如果顾客想要的东西和你能提供的东西有所差异，那么你要销售给他的就是解决方案。我们可以很合理地推理：如果销售是顾客服务的一部分，那么在销售过程中有用的一些技巧可能同样适用于面向顾客的服务代表。所以让我们来看看在顾客服务中极其有效的两个销售技巧：问促成交易的问题和孤立反对意见。

成交技巧旨在完成交易、达成共识、结束讨论，旨在结束顾客一方的犹疑不决以完成交易，或者弄清楚顾客的反对意见。在顾客服务中，使用促成交易的问题实质上可以达到同样的目的：在争议的解决方案上达成共识，或者确定自己还没有弄清状况，并且明白自己需要更好地理解顾客的需求。

以下是几个促成交易的问题以及问题的使用方法：

● **让步式成交**。在此你对顾客提出让步，并询问对方这一让步是否满足他的要求。你通常可以使用以下问题的某个版本："如果我可以……这样能……吗？""如果我可以申请把差额的积分输进您的账户，这样可以吗？"

● **初步成交**。这种成交是你整个过程中完成的小的成交，它们会一步一步带你走向最终成交。在一次完整的销售中，销售人员可以寻求获得一些阶段性的成交，以此为获得最终成交打下基础。在顾客服务中，你不断试水，判断方向是否正确："如果我把裙子在您旅途中寄给您，您觉得这样可以吗？"或者你可以问一些笼统的问题："我们的谈话方向正确吗？""说到这里，您觉得怎么样？"

● **选择型成交**。有时候，在棘手的顾客服务情形中，顾客想要解决方案甲，但是你只能提供解决方案乙和丙。当双方交谈僵持不下，反复兜圈圈的时候，"选择型成交"帮你迫使对方决定。"女士，我向您道歉，不过我们真的做不到。您是愿意……还是……？"

● **引导型成交**。这种技巧需要你对顾客采取一种假设性的态度。设想顾客已经做好成交准备，你要使用语言把他引向你所希望产生的结果。"下一步我将申请退货授权。您希望我用邮件把序号发给您，还是希望我给您打电话？"慎重使用这种成交技巧，在与顾客的交流中你处于积极地位，却不能促使他做出决定，只有在这种时候这样做才合适。如果顾客有一丁点儿不悦，你都不要使用这种技巧，因为这样做会显得自以为是。

● **通牒式成交。**当你进退两难，百试不得其法，而顾客又万般刁难的时候，你就用得上最终通牒这种终极手段。你下定决心，明白事情必须向前推进，不管什么方向都可以，所以你就给顾客一个最后通牒。"先生，这已经是我能做到的极限了。您可以接受我给您的选择吗？"如果顾客说不行，我最喜欢说的一句话就是："我希望我为您做得更多，但是我只能做这么多了。话已经说到这儿，您看咱们接下来怎么办？"

另一个来自销售领域的有效技巧就是孤立反对意见，在服务领域，具体做法就是孤立争议。具体到销售过程中，就是清除所有问题，并使顾客同意剩下的那个最终问题。通过使用框架句式可以做到这一点，"如果我可以（解决这个问题）的话，那么您可以（同意达成交易）吗？""琼斯先生，让我问您一句：您真正关心的是保修，对吗？所以如果我能提供您要的保修，您打算今天买吗？"如果他同意的话，销售人员仅剩下一个问题需要处理，然后便可以达成交易。

在顾客服务中，当你的顾客似乎不能专心于一个争议点时，这种技巧很有用。当然，在很多顾客服务中，争议来自多方面。你已经为顾客服务了好一阵子，也已经使用了所有该用的标准流程和语言，然而似乎每当快要达成解决方案的时候，顾客又会提起别的小细节或者回到你感觉已经谈妥的话题上。如果你感觉自己已经尽力去认同他的感受并理解他的顾虑，那么这时候你就应该通过孤立争议的方法确定谈话焦点。"先生，我明白您的时间很宝贵，我希望为您提供解决办法，让您满意。我已经退回您的费用。现在，我想给您找一个您喜欢的教练，来替代休产假的贝丝为您服务。我为您和您的新教练安排好时间，您看这样行吗?"

如你所见，当你把这两种技巧用于合适的情况时，它们极其有效。然而，没有哪一种技巧适用于所有场景，而且在使用这两种技巧之前，你要密切关注当时的情形以及顾客的心态，这一点尤其重要。语境决定一切。但是如果你能学会解读顾客，并在适当的时候使用适当的技巧，你会发现这些方法可以帮你更高效地应对与顾客之间的沟通。

65. 使用你的权力

　　如果你做一线岗位，你可能不太明白这一节有何用意。"我哪有什么权力？"我都能想象你会这么问。不管你相信也好，不相信也罢，很多一线服务代表手中都握有影响顾客看法的权力，但是却没有意识到自己有这么大的权力。

　　作为公司的所有人，我明白权力带来的威力。当我不得不亲自解决某个顾客服务争议时（只有那些确实棘手的争议才会被送到我的办公室），在给顾客打电话的时候，我说的第一句话就是："我是亚当·托波雷克，我是CTS服务解决方案公司的老板。"我为什么这么说呢？因为老板就是终极权威。遗憾的是，和顾客跟我的雇员打交道的态度比起来，他们跟我打交道时通常更冷静、更尊重。我知道很多老板不明白这一点，但是我认为在顾客服务中要认识到：顾客对一线员工不如对经理或老板那么怀有敬意。这种认识很重要。

　　在我的零售店进行的某次交易中，我亲眼见过这种情况。我的妻子经营这家店，她接听过顾客打来的无数电话，听他们无理叫嚷或无端训斥，她也当面接待过无数这种顾客。很多时候，在交谈过程中，她会提到自己是"店主"或"店主妻子"，这时候顾客的态度就会发生180度转变。顾客会变得彬彬有礼，完全改变自己的说话方式。这种转变真令人讨厌，但是它显示出你为什么应该用自己拥有的一切权力，获得顾客对你的尊重。

你大可以接受以下四种个人特质，因为它们让你在跟顾客打交道时建立可感知的权力：

● **正式头衔**。如果你还不是名正言顺的经理，也不要汗颜，你总有什么头衔吧？代班主管？成交主管？橡胶带部门的主管？如果你明白我的意思，大大方方地亮出你的头衔。"女士，您好。我是希拉，成交主管。"不管什么头衔，你就说一个出来，就能影响顾客的看法。

● **服务年限**。不管你是否相信，这真的很有用。如果你已经在公司工作了一段时间，用上这条信息。"女士，您好。我是比尔，我在这家公司已经工作了三年。我曾经帮助过很多遇到和您一样问题的顾客，我相信我可以帮助您。"人们会把在一家公司待的时间和权威联系在一起。在多数情况下，如果你已经在那里工作超过一年时间，你就可以用这一点来营造权威和可信度，即刻生效。

● **专门培训**。你能不能提及曾经接受过的某种专门培训？即使不是什么专门的培训也行。不要撒谎，也不要添油加醋，但是对自己会做的事情，你就应该大胆说出来，不必担心。"您好，先生。我接受过这个系统的高级培训。我不确定系统能不能满足您的要求，但是如果有人可以弄清楚这一点，我就能做到。"

● **专门技能**。如果你有特殊的专门技能，即使是非官方认可的专门技能，你也可以用它来制造权威。"先生，这一方面我可以帮您。我算得上是我们这儿颜色搭配方面的能手。其实，我上学的时候读的是室内设计。"当然，如果你使用这种策略，一定要知道自己在说什么，因为很可能顾客也对这个话题颇为了解。

使用权力这一方法不但对于应对棘手顾客或困难情况特别有帮助，而且对于简单地回答问题和促成交易也同样奏效。可信度是信任的重要组成部分，如果你所做的一切可以帮助顾客理解你的经验和专业，那么这不仅可以为你的可信度加分，而且还可以为你所在公司的可信度加分。思考一下过去几个月里你所经历的那些困难局面，如果你运用自己的权力，你也许能让情况变得顺利些。

66. 出了问题不要怪政策

我们已经探讨过你可以用于解决棘手的顾客服务问题的一些技巧，现在我们将讨论几个一线专业人员经常会遇到的具体情形，并且找到一些具体的应对方法。

第一种情形发生在顾客的愿望由于你所在公司的政策而不能实现的时候。当我们谈及顾客不愿意听到的话时，"对不起，这是我们公司的政策"这一说法肯定位列前茅。"政策"这个词本身就是一个问题，但是更大的问题出在"我们"这个词上，因为对于顾客来说，如果政策是你们公司的，那么你就有权改变这个政策。当然，对于多数一线服务代表而言，现实情况是：你有必须遵守政策的义务，却几乎没有更改政策的权力。

当顾客的争议与公司政策相悖的时候，最好的应对方法就是避免把政策用作借口。即使有必要提及公司政策，也不要用这种方式表述政策。你就简单地解释一下为什么你不能够满足顾客的要求，然后给出一些建议，告诉顾客你可以做什么。如果你要处理的争议完全超出你的控制范围或公司的控制范围，比如需要违反地方、州或联邦的规定，那么你就可以更多地倚重政策。不管处理的难度来自公司内部政策还是国家法律，你都需要为顾客提供备选方案。例如，假设有一位顾客要求你在她接受皮肤美黑服务的过程中为她看护孩子，而你们公司的政策禁止你帮忙照看儿童：

> 女士，我理解您。我真诚地希望可以帮您照看孩子，但是我不能这样做，因为这样一来我就不能称职地完成我的工作。我要常常去前台看一下，还要打扫房间，那样您的孩子就得不到好的照料。您肯定能理解我的苦衷。我知道您说过想在朋友明天的婚礼之前来做一次美容。有没有其他的办法，我给您安排今天晚一点的时间，这样您就可以把孩子安顿好再过来，因此给您带来不便，我可以给您打八折。

应对这类情况有一个办法，那就是提前知晓公司政策会引起的典型问题，并且在有办法应对的情况下，确认自己清楚怎样做才能避开这些问题。也许在这个例子中，除了提供另外的预约选择并给予折扣以外，你还可以在顾客购买你们店自有品牌的助晒乳时给她一个更大的折扣。不论政策如何，也不管顾客需求如何，尽量不要让公司政策成为你不能为顾客效劳的理由。如果你能更进一步，情况通常会更快更好地得到处理。

67. 保留条款让顾客不好受

　　让顾客明白在公司政策和他以及他的需求之间横着一堵墙的方法很多，其中最糟糕的一种就是告知他保留条款。顾客痛恨保留条款，他们遇到太多这种情况，大家都用这个来让他们落入陷阱，或者对他们进行诱购。对付附属细则争议的第一步就是接受一个事实：附属细则不可或缺。事实上，在今天的商业环境下，附属细则必不可少。现代商业机构必须应对法律和责任方面的争议带来的各种困境，这样一来，附属细则就不可缺少。细则可能很烦琐，看起来就像你们公司法律部门制定出来的一堆废话，但这也是一堆重要的废话，制定的初衷旨在避免出现更大的问题。如果你不能理解公司使用附属细则的原因，那么当你和顾客谈论公司政策的时候，你就无法那么有说服力。让你自己有说服力至关重要，因为当顾客对你们公司的附属细则产生抵触情绪的时候，他们的反应会非常激烈。

　　有时候顾客生气，是因为他们没见过附属细则，还指责公司之前隐瞒这么重要的信息。当然，公司把某些情况列入附属细则，是因为公司希望细则影响到的只是不超过 1% 的顾客。但是，顾客永远不会这么看问题。他就是那 1% 中的一员，而且在他看来，别人和他都一样。在这种情况下，你可以使用共情的方法，稍稍认同对方意见。"先生，在这件事上，我当然理解这一点应该得到特别强调。我想我们公司没料到这会是个问题，但是我明白这影响到了您。如果我……您看怎么样？"

其他顾客把一切产生于附属细则的争议都看作你们公司在试图欺诈消费者。应对这种消费者的一个办法就是解读细则条文。让顾客知道细则里的文字不是为了欺诈消费者，而是为了维护公司利益。"先生，我向您道歉。因为过去出现过争议，所以我们制定了这些细则。做这样的安排当然不是针对像您一样忠实的顾客。我很抱歉这给您造成了困扰。"

无论你服务于什么机构，在某个时间点上，公司的附属细则会惹顾客不高兴，这种可能性很大。应对涉及这些附属细则的情况就像是在跳一支精心编排的舞。你可不能让公司背黑锅——"是我们的律师让我们这么规定的"——你能做的是对顾客表示理解，并解释制定附属规则的原因。如果你理解附属细则的必要性，可以用本节讨论的这些方法取得"英雄级别"的服务效果。

68. 如何应对顾客服务的"专家人物"

有的时候，本身做服务顾客类工作的人——主管、经理、企业主——也是最难缠的顾客。这些以专家自诩的人喜欢夸夸其谈，大谈自己的经验和职位，通常是为了达到吓唬你的目的。他们想向你显示他们比你还了解你的工作，即使他们实际上对此一无所知。或许你以前听到过与以下评论类似的话：

● 如果我像你这样对待顾客，用不了一周我就失业了。

● 你们这儿没人教你怎么为顾客服务吗？我是顾客，我想要什么，你就应该做什么。

● 如果我管理一个50人的销售团队，我的人要是像你这样对待顾客，用不了10秒钟我就把他开除了。

在我开的一家零售商店里，一位生气的顾客反复对我说店里的顾客服务有多么差劲。她不断地告诉我，我们应该这样做，我们应该那样做。我们在几个场合中有所失误，但是她提出的很多要求都是不现实的。在一次电话通话中，她建议我雇用她做顾问，好让她教我们"怎样正确进行顾客服务"。然而从某种角度而言，我认为如果这个人有各种不切实际的要求，在要求得不到满足时不惜以威胁和侮辱相逼，那么这个人可能也没有什么顾客服务方面的本事教给我的团队。

　　除了遵循本书中你学到的标准流程以外，对付这些所谓的专家需要一种特别的办法：满足他们自以为是的想法。"哇，女士，听起来顾客服务方面的东西您懂的真的非常多，非常感谢您为我们指出努力的方向。"另外一个方法就是引导他们给出建议，但是方式上需要你来界定争议。"先生，您似乎对这个领域非常懂。我想问您，在当前情况下，凭借我的职位，我拿不到顾客信息，您建议我该怎么做？"

　　你需要明白：一旦你认可这些人的"高级"知识，他们就会以某种富有成效的方式回应你说的话。明白这一点很重要。如果你认可这些顾客服务方面的"专家"确实是专家，那么你可以把他们引向另一个方向，为他们提供一个他们非常满意的解决方案。

69. 有时候，投诉其实是欺诈

在几乎任何一线服务岗位，你偶尔都需要应付顾客（或假冒的顾客）试图欺诈的情况。这是经商中不可避免的，你需要做好准备，坚定不移并训练有素地去应对。对于如何应对某些情况，人们的观点存在相当大的差异。一种思路认为：如果顾客恼羞成怒，这会对公司造成长远的损失，而顾客欺诈造成的损失，相比之下显得微乎其微。既然如此，干脆就让顾客的诡计得逞算了。在一些事例中，这种观点有其可取之处，但是对于多数事例来说，这种观点显得很荒谬。所以让我们简要看看这种"让顾客随心所欲，从长远来看一切都值得"的谬论，然后我们再研究你可以用什么方法在自己的服务区内应对欺诈高手。

你有没有听过诺德斯特龙百货公司的轮胎故事？如果你没有听过，那么简单来说，就是很多年以前，一位先生走进一家诺德斯特龙商店，要求把一组轮胎退货。诺德斯特龙百货公司从来就不出售轮胎，但是据说（真实性有待证实），诺德斯特龙百货公司的销售代

表一贯秉持顾客至上的原则，所以销售代表做了退款处理，即使这些轮胎很明显并非在此购买的。[1]多年以来，诺德斯特龙百货公司的轮胎故事一直是培训师和顾客服务演讲者口中常提及的教科书级案例。我自己也借用过这个故事。但是几年前我意识到，这个故事固然传达了积极的信息，但也传达了不切实际的信息，使得一线专业服务人员无法认同。"都不是在这里买的东西，居然还能退货？在我们售出商品超过 30 天后，我便无权接受退货！"在我谈论顾客服务这个话题的时候，我喜欢把不能确定真假的传说中的诺德斯特龙轮胎故事和实际的现在的诺德斯特龙政策对比来谈。

有人买下一件华丽衣服后马上就穿上了，之后又回来退货，这种行为我们称之为"借行头"。在零售业，这种行为造成的损失高达 88 亿美元。为了对这个问题进行反击，诺德斯特龙百货公司在他们出售的特殊场合礼服的外面缝制了一个很显眼的标签。如果礼服被退回来的时候标签不在原处，诺德斯特龙百货公司可以拒绝接受退货。[2]视个别情况而定，公司可能这样做，也可能不这样做，但是重点是，连诺德斯特龙百货公司都制定了一整套体系，这样公司可以因为顾客的"借行头"行为而拒绝退货。这才是顾客服务的真实世界。

有的时候让顾客捉弄你一次，也说得过去，如果你不完全确定他们在欺诈的时候更是如此。比如说，你的公司把特别礼券寄给公司的顶级会员，要求会员一次性用完。一个会员来公司，说她弄丢了礼券。你可以在电脑上查到寄给她的特别活动礼券已经被使用了。她在撒谎吗？会不会是她的女儿拿走她的礼券用掉了？你可能不会知道，而且价值十美元的折扣和她给你的公司带来的生意相比，根本不值一提。在这种情况下，你还是让她享受折扣比较好。

在你认为眼前的顾客试图欺诈你的公司的那些情况下，我建议你在决定如何应对的时候，先问问自己以下问题：

(1) 这次欺诈有多严重？

(2) 如果让顾客得逞的话，会不会造成一个先例，危及今后？

(3) 这个人是惯犯吗？

(4) 这事相当于明抢，还仅仅是占些便宜？

当你必须和一个试图欺诈你的公司的顾客据理力争的时候，你要记住的最重要的一件事就是，避免用他的所作所为指责他。你知道他在做什么，他知道你知道他在做什么，但是你们两个人扮演好各自的角色就行，很多话不说为妙。你需要遵循第58节描述过的CATER流程：向他解释你为什么不能满足他的诉求，然后集中讨论你能给他提供的其他选项。如果顾客确实是在进行欺诈，你们之间的沟通可能不会很令人愉快，但是在真实世界中，在有人一口咬定他从你的蛋糕店里买过一组轮胎的时候，你不能让他得逞。

参考文献

[1] Snopes.com, "Return to Spender," April 2011, http://www.snopes.com/
business/consumer/nordstrom.asp. Accessed September 23, 2014.

[2] Cotten Timberlake and Renee Dudley, "Bloomingdale's Black Tags
End Party for Next-Day Returns," Bloomberg, September 17, 2013,
http://www.bloomberg.com/news/2013-09-17/bloomingdale-s-black-
tags-end-party-for-next-day-returns.html. Accessed September 23,
2014.

Be Your Customer's Hero

第 8 章

应对噩梦般的顾客

70. 当火力全开的时候，你要竭尽所能

在我和一线服务代表共事的过程中，我发现比起应对噩梦般的顾客，没有其他话题更能激起他们的共鸣。尽管我们尽量保持积极态度，但有时候，与现实情况正面交锋才是关键所在。我希望你明白，我们在这里讨论的是愤怒的顾客、刻薄的顾客，或者就是发疯的顾客，这些顾客就是噩梦，对此我深表理解。如果你和我见过的一线服务代表一样，你就愿意在遭遇这类顾客时提前做好充分的应对准备。事实上，我敢肯定，有一些读者会略过本书前面的内容，直接跳到这一部分开始阅读。这没有关系，但是应该注意这一章与前面几章有很多关联。

你已经学到了很多应该掌握的方法，它们可以帮你应对噩梦般的顾客。你需要调整自己的心态，这是第 1 章讲述的内容；你需要掌握顾客的心态，这是第 2 和第 3 章讲述的内容；你需要使用良好的沟通技能，这是第 6 章讲述的内容；你需要使用处理困难情况的技巧，这是第 7 章讲述的内容。你已经熟知本书前面已经讲过的诀

窍和技巧，在这一章，我们将会很大程度上依赖这一事实。此处仅解释几个额外的策略，可用于顾客火力全开的情景。

不论你是直接跳到这一章开始读，还是看完了前面章节才看这里的，要牢记于心的重点是：应对复杂的顾客服务问题，没有一锤子奏效的技能，你需要以正确的顺序，辅之以正确的口吻，抓住正确的时机，使用一整套技能和策略。你很快就会发现，即使你面面俱到也不一定奏效。

71. 没有对付手雷的银色弹头

我知道一线服务代表非常惧怕噩梦般的顾客，我可以花上半天的时间给一屋子的一线服务代表讲解顾客服务，我可以告诉他们怎样胜任99％的工作，但是当我敞开接受提问的大门的时候，多数一线服务代表会直接对那剩下的1％的争议发问："如果顾客对我火力全开，顾客完全失去理性，顾客根本就发疯了，我该怎么应对？""如果顾客说得唾沫四溅，眼里冒火，叫喊的声音听起来像好莱坞电影中的怪兽，我该怎么应对？"

在我详细回答这些问题之前，我想和你分享一个我经常告诉一线团队的故事。故事讲的是一个陆军新兵在基础训练中学习怎样投掷手雷。在某个时刻，他的教官经过，说了一句："投得好，小伙子。"

士兵感谢了他，然后说："先生，我可以问您一个问题吗？"

"请问，士兵。"

"如果有人向我扔手雷，我怎么办？"

"隐蔽。"中士回答道。

"如果无处隐蔽，怎么办?"

"卧倒。"

"卧倒不管用，怎么办?"

"确实不管用。"

士兵盯着中士，眼睛瞪得大大的。"不管用?"

"是的，但是也比站着好点。"

这些年来，我和我的团队成员讲士兵和中士之间的对话，讲了不下一百个不同版本。当他们遇上设想中最不可理喻的情况的时候，他们来找我，问:"我该怎么办?"我就告诉他们这么办，如果不管用就那样做。他们无一例外地问，"如果那样做也不管用，怎么办?"

我的标准回答是:"有可能不管用，这你也知道。"

当我面对着他们茫然错愕的眼神的时候，我想象得出他们此刻的想法，"谢谢。你可真在行。"

你看，在我们开始讨论噩梦般的顾客之前，我需要跟你说一句废话:我没有可以阻止手雷的银色弹头。请原谅我使用一个这样复杂的比喻，因为我发现这是一个生动比喻，没有某一个神奇的技能能够在每一个发怒的顾客身上都发挥作用。当顾客爆炸的时候，情况很难捱，你会被弹片击中。当别人愚蠢、发疯或发怒的时候，你无法避免其发生——你只能尽自己最大所能去应对。

　　现在该公布好消息了。避免手雷爆炸的绝对最佳办法就是确保谁也不会向你扔手雷。如果你愿意尝试提供"英雄级别"的顾客服务，并使用本书其他部分教给你的方法，那么你将避免许多服务争议升级为噩梦般的场景。另外，如果你使用本书传授的策略，你对这种情况的驾驭能力就会超过 99％的一线服务代表。当顾客开始冲服务代表大喊大叫的时候，后者就马上挺直腰板，这样做的服务代表太多了。当一颗手雷落在他们脚下的时候，他们的反应是扔给对方一箱炸药。然而，多数愤怒顾客的态度都是可以被扭转的。你可以化解顾客的愤怒，如果方法得当，你甚至可以让他们高兴起来。虽然你不会赢得所有顾客的欢心，但是每一个情况都有应对之道，让事情变得好些，而不是更糟糕。所以现在我们来了解一下你如何才能做到这一点。

72. 化解顾客怒火的 13 条策略

几乎没有人愿意为发怒或发火的顾客服务。为他们服务没有喜悦感，没有满足感，有的时候还会失控。为这些顾客服务如此困难的一个原因在于，愤怒是多数人的一个天然导火索。我们以很多具体方式做出回应，但是没有任何回应在顾客服务中是有用的。在这一节里，我们将分享应对顾客愤怒的几种具体策略。正如我在第 71节里提到过的，没有任何一种技巧像银色弹头一样一击即中，当你应对生气的顾客的时候，你可以料想自己被无辜伤及，但是如果你保持平心静气并且善于应对，它们可以帮你在绝大多数服务代表输掉的阵地上立于不败之地。

一开始，我们先介绍几个策略，帮助你在面对生气的顾客时保持成事的心态：

（1）不要情绪用事。不管有多难，你都要让自己和当时的情绪脱离。记住这只是一份工作，和你本人无关。更重要的是，记住你并不需要为顾客的感受埋单。

(2) 不要上钩。 顾客会试图把你拖进一场口角。不要上钩，因为一旦你上了钩，顾客就能摆布你。你把自己降低到他的水平，表现得情绪用事而且有失专业。另外，他也明白他可以得到你的回应，接着就会继续试图触怒你。

(3) 不要被顾客说的话套住。 顾客经常试图用暗含指责的话把你套住。"如果你把顾客隐私当回事，你就能找到我的记录。"不要被顾客说的话套住。"我们的隐私标准是行业中最高的，我们非常重视隐私。我们犯了一个错，不代表我们不重视隐私。"

现在，让我们继续讨论一些策略，以便帮助你在这些情况中尽量用有效的方式和顾客沟通：

(4) 使用温和的语言和平静的语气。 不要在情感强度上与顾客一较高下，以免火上浇油。你需要使用一种平静、平和的语气，为整个情况进行降级处理。

(5) 不要告诉顾客冷静下来。 告诉一个怒火渐盛的人"冷静下来"或者"放松一些"，这会是你做得最糟糕的事情之一。这只会被当作对那个人情绪状态的批评，并有颐指气使之嫌。

(6) 不要侵占顾客的空间。 如果你和一位愤怒的顾客面对面交流，不要侵犯顾客的个人空间。保持合理距离，如果想靠近顾客一些以此降低顾客音量，一定要三思而行。

(7) 保持中立手势。 双手平静地放在身体两侧。避免在说话的时候使用过强的手势，当然不要指着顾客，也不要把双臂抱在胸前。

（8）保持中立表情。很多人没有意识到他们的表情暴露了自己的想法。注意你的表情，确保你的表情流露出关切和关注，而不是情绪。

（9）尊重顾客。愤怒的顾客经常无礼地对待你。你需要超越他们的这种行为，并且用最大的尊重对待他们。使用礼貌和尊敬用语的做法要贯彻始终。

（10）用"而且"替代"但是"。我们都习惯于说这样的话，"我真的很想帮助您，但是我束手无策。"既然我们都习惯于跟别人说"但是"，我们也习惯于听到别人说"但是"，而"但是"这个词让我们立刻明白自己被拒绝了。可能的话，尽量在这些情况下用"而且"替代"但是"。把以下两句话做个比较：第一句话是"我真的很想立刻把钱退给您，但是我没有经理权限"。第二句话是"我真的很想立刻把钱退给您，如果我的经理在场提供代码的话，我马上就可以这样做"。你唯一真正需要使用"但是"句，是你特意对顾客强调某个要点的时候。

最后，我们来看几个的策略，当其他方法都不行的时候，你用会得上：

（11）努力把顾客转移到一个人比较少的地方。有的时候，当顾客真的非常生气的时候，把他转移到一个不那么公共的场合会比较有帮助。这样做也能让其他顾客感觉更舒服，通常愤怒的顾客也不愿意在大庭广众之下分享自己的遭遇。在这些情况下，要使用你自己的判断力（当然，你也要遵守公司的政策），决定你们是否能转移到一个人比较少的区域，并决定你是否需要有证人在场。做这类决定的时候，也要留心安全因素。然而，当情况合适的时候，你会发现挪到人比较少的区域往往有助于让整个局面降级。

（12）给顾客时间让他们冷静下来。通常，顾客只需要冷静下来。愤怒不只是心理反应，而且是生理反应。心智安定下来需要时间。很明显，你不总是有能力置身事外，让顾客有时间冷静下来，但是如果你可以做到这一点的话，有的时候这就是最好的办法。如果你意识到顾客如果不安定下来就什么事都进行不下去，而看起来顾客就是安定不下来，那么选择临时脱身可能会好一些。我们将在第73节更详细地讨论这个话题。

（13）换一张新面孔。如果你觉得顾客将你本人视为一个大问题，如果有一张新面孔出现，使顾客的怒火无处施展，这时候你的情况可能就会好得多。多数情况下，这种情况不是因你而起，但是当你已经成为顾客怒火来源的一部分的时候，就该将顾客转给一张新面孔了。"先生，很显然我无法用您需要的方式帮助您。我觉得我能帮助您的最好办法就是让劳拉为您服务。如果我去叫她，您介意吗？"不论你怎样针对具体情况调整自己的方法，首先你通常需要询问对方是否同意你叫别人过来，然后如果顾客不认同你这种温和方式的话，你就告诉他你会找别人为他服务。

愤怒的顾客、发怒的顾客或者噩梦般的顾客，他们之所以让面向顾客的服务代表难以招架，原因之一就在于那些选择与顾客服务相关的岗位的人通常都相当亲切，他们希望让顾客开心。用你自己的方法处理这些难熬情况，最开始时要控制你的自然反应并且在交流中不带个人情感，结束时你也要做到这些。一旦做到这些，你就可以战略性地使用本节介绍的技巧，从而在许多一线服务代表无功而返的地方大放异彩。

73. 如何与顾客划清界限

在第 1 节，我说过你和你的顾客地位不平等。在第 4 节，我说过你的工作就是接受顾客的废话。然而，一切都有限度，一贯如此。有时候，顾客无理取闹，无法满足，无端指责得太过分，这时候你有权利结束谈话。当顾客越过愤怒和辱骂之间的那条线，唯一实用的选择可能就是从谈话中抽身离开。

什么是恶语伤人？确实，这取决于个人观点，但是这里有几个例子：

● 虽然顾客知道或者应该知道他们的要求不仅不切实际，而且根本就不合时宜，但是他们还是坚持这些不切实际的主张，毫不退让。

● 对顾客服务代表使用不当的语言进行骚扰。

● 如果顾客的要求得不到满足，顾客就一再威胁要采取敌意行动（例如勒索）。

当然，侮辱行为的范围比上述更广泛，但是上述例子给出的是对这种说法的理解。你对恶语伤人的反应取决于你是否感觉顾客确实表现出侮辱性，或者只是一时"失去理智"，而后可以恢复正常。你只能自己判断。如果你感觉有必要离开已经超越底线的顾客，以下有几个你用得上的说辞，你可以以此警告顾客你将结束谈话或者实际上就此终结谈话：

● "先生，如果您继续以这种方式说话，我就不得不结束我们之间的谈话了。"

● "女士，如果您继续使用这样的语言，我就不得不结束我们之间的通话了。"

● "先生，我真的很想帮您，但是如果您不能停止对我的个人攻击并且停止使用粗俗语言，我将不得不结束我们之间的谈话。"（这是我建议你对顾客使用"但是"句的少数情形之一。）

在这种情况下，仅需要对顾客发出警告，说如果他继续侮辱你，你就会结束谈话。做完这一步，下一步就是迅速发出一个关于问题解决的提问。"现在，我想请您说一下换货出了什么问题，可以吗？"

如果你必须要结束谈话，用专业而坚定的方式告诉顾客你要这样做，你只需要做到这一点。如果顾客在一家商店里，那么你这样做的时候可能需要求助经理，因为你也不希望把顾客扔在那里不管，让他去接触别的顾客或你的同事：

- ●"先生,我告诉过您,如果您继续这样对我说话,我就结束我们之间的谈话。我要去找经理过来,如果您愿意和她谈的话,请您在此等候。"

- ●"女士,我告诉过您,如果您继续使用那种语言,我就结束我们之间的通话。我现在要挂断电话。在我们可以进行专业讨论的时候,欢迎您随时回电,我届时会很愿意为您分忧。"

当顾客的言行变得带有侮辱性时,你应该明白,你有权利从这样的情形中抽身离开,你这样做的时候应该保持冷静,并保持职业素养。愤怒和恶语伤人之间的分界线对每个人都不一样,但是仅仅因为顾客觉得你在为顾客服务的时候就要脸皮厚,你就应该忍受他们的个人攻击,那么他们就错了。有一条界线是任何顾客都不应该逾越的,如果你不得不向顾客指明这条线,你也不要胆怯。

74. 如何应对顾客的威胁

　　一小部分顾客为了实现自己的诉求不惜诉诸威胁手段，这是顾客服务中令人伤心的现实之一。其中的原因各异。也许顾客被激怒，之后一发不可收拾；也许顾客没有得到自己想要的东西，之后把问题升级，看你是否会让步；也许顾客本来就不是友善之人，就喜欢威胁别人。一旦有人威胁你，整个谈话的动向就改变了。事实上，可以根据威胁的严重程度，结束你们之间的谈话。

　　在本节，我们将预演一些你在顾客服务一线会遇到的典型威胁，并且将会给你一些应对这些情况的有用提示。我的目标不仅在于告诉你怎样应对这些威胁，而且在于让你正确看待这些威胁。我希望你明白你在顾客服务中受到的多数威胁其实没有那么严重。

　　●**"我以后再也不来你们这儿了，我要去别的店。"**这种威胁除了明摆出来的意思，没有什么其他意义，因为在所有顾客服务中这都是暗含威胁的说法。顾客说出这样的话，是因为他从与你的交谈中没有得到他想要的东西，所以他就要手段说出双方都心知肚明的话：除非受限于合同或转会员的限制，否则不高兴的顾客往往会另寻他处消费。应对这种威胁有两种好办法：

忽略。如果你觉得顾客提出威胁只是他感情宣泄的一部分，那么你就干脆不要上他的当。如果顾客的首要重点不是威胁你，而只是说说气话，那么你就一心解决问题，继续推进就可以了。

灵活转换。在这种情况下，你只需要认同顾客威胁背后的感受，然后灵活转换，让对方知道你将竭尽所能，让顾客放弃威胁。"先生，我明白，我真的明白。如果我和您感受相同，我以后也会光顾别家，不再来这里消费。但是我今天的目的是尽我所能，确保您不仅愿意继续光顾我们公司，而且在您今天离开以后，我们也期待您下次光临。现在，如果您不介意，我可以问您一个问题吗？"

● **"我要在网上抨击你们/我要向商业改进局投诉你们。"** 这两种威胁是亲兄弟，可能是当今最常见的针对商家的威胁。顾客满心念着互联网和社交媒体的威力，大大高估了两者对一起普通的顾客服务争议产生的效力。

在2008年的金融危机期间，商业改进局收到了很多对我的一家零售店的投诉。其实这几起投诉并不严重，事发原因都是顾客试图威胁我们给他们退货，而其实他们根本无权退货。我问当地的商业改进局代表，自从那次冲突后，他们有没有发现投诉量还在增长，她告诉我投诉量增加了两倍多。"我以前没有告诉过你类似的话，"她说，"但是人们在利用我们把他们的钱要回来。"

你看，通过向商业改进局投诉来要挟达到预期目的相对容易，花一点时间，不需要花钱；以网络要挟也不花钱，花的时间更少。然而，像生活中的很多事情一样，越罕见才越有价值，而网上言论可能是地球上最不鲜见的事情之一。网上对公司的各类评论一毛钱一大堆，虽然你应该关注每一条网上言论，但是你应该注意的是，不要让顾客用负面的网上评论威胁恐吓你（我们将在第79节继续讨论这一点）。当然，前提是你和你的公司确实没有做什么伤天害理或令人难堪的事情，或者威胁你的不是坐拥1 000万推特粉丝的人。用你的判断来评估威胁。

当顾客威胁说"我要在脸书上给你们发一条"的时候怎样应对，我最喜欢给出的一个建议就是，问他以下某个问题：

"您把这事发到网上，希望有何收获？"

"如果您在网上写点什么，您会说什么？"

不管他可能怎样回答你的问题，你之后的回复都非常简单：

"我的目的是现在就让您有所收获。我希望帮您处理所有这些困难，这样当您今天离开的时候，您唯一想写的只有您对我们公司的喜爱之情。为了帮您实现这一点，如果您愿意再给我一次机会，我会真诚感谢您。"

● **"我要向你的经理投诉你。"** 顾客总是用这种威胁摆布一线服务代表和其他人，因为在商业管理体系中，他们都被更高级别的上层管理。顾客认为用让对方"惹上麻烦"这一手段来威胁面前这个人，就能让自己得偿所愿。这个主题有很多不同的变化形式。例如在特许店或连锁店，顾客经常威胁店主或经理说自己要向总部投诉此事。以下是这种情况的两个解决方法：

披上失败的斗篷。你应该表现出这样的态度：如果顾客要找经理，那么肯定是因为你没有让顾客满意。实际上顾客并不是想要你感到受到威胁，如果你有"是我没让您满意"这样的态度，他们通常会改变方式。"女士，听您这样说，我真的很抱歉，不是因为我担心自己会有麻烦，而是因为我知道如果您有这种感觉的话，说明我没有让您感到满意。而让您满意才是我的目标。如果您能再给我一次机会，看我能做些什么来为您扭转局面，我会非常高兴。"

化身顾客的转交搭档。有时候明摆着你无论怎么做都帮不了顾客。在这些情况下，把威胁当作机会，可以帮助你把他转交给一个能解决争议的地方。"女士，您知道，事情到了这一步，我觉得这是一个好办法。很明显我不能解决您的问题，对此我深表歉意。如果您允许的话，我个人愿意帮您找到经理，好让她用积极的办法为您解决这个问题。"

● **"我姐夫在 WBS 电视台工作。"** 这是上网威胁的升级版本。顾客希望吓唬你，让你觉得只要他打一通电话，电视台的记者就会把你和你见不得光的行径在晚间新闻里全部曝光。这种威胁通常是吹牛。如果你和你的公司都没有做什么错到离谱的事情，你其实没什么可怕的。当地大多数参与调查的记者都是努力工作的人，他们不会因为某个顾客不高兴就跑出来破坏人家的生意或别人的职业生涯。多数记者只是希望曝光不道德、不光彩的行径。

然而，威胁仍然真实存在。不是所有记者在这些问题上都有职业道德，那些别有用心的记者也不是都在卖力工作。有的记者只求轻松达到耸人听闻的效果，却不愿意花时间深入核实事件的真实性，结果就会把你的生意搞垮。对待此类情况的态度和前文中所提到的对待网上/商业改进局的情况一样。弄清楚顾客通过投诉你希望达到的目的，然后尽量帮助他此刻就达成愿望。

● **"我会把你告到坐牢。"** 每个一线服务代表在某个时间点上都会遇到的威胁就是诉讼威胁。这经常只是气话——对方怒火中烧、口不择言——你当然不希望以对方搬出律师或法律诉讼的方式结束所有的谈话。然而，用诉讼相威胁是一种严重的威胁，不应该掉以轻心。在这种情况下，你应该遵守公司的政策和流程，你也可以使用以下方法，帮助你试探顾客提出这种威胁的严肃程度，并决定是否结束谈话。

开始你要揣度顾客的心理，给他提供一个选择。假设截至现在，你已经使用了你所有的最佳沟通技巧，你希望顾客明白如果他继续用法律行动威胁你的话，你就只能结束和他的对话了。

"先生，我真的希望帮您修正这件事，但是这已经是您第三次提到要采取法律行动。如果这件事要演变成法律事件，那么我需要停止为您服务，把您交给经理。我很愿意为您服务，帮助您解决这个问题。您希望我继续为您服务帮助您解决当前争议，还是希望我让经理给您致电呢？"

●**"我要好好教训你。"**我接待过一个顾客，他要求当场得到现金退款，并且拒绝离开服务大厅，这个成年男性对一个年轻的女性销售人员不依不饶，发怒大喊："这件事不算完。"还有一个顾客，当被要求填一个表格的时候，他用力把笔记板一摔，喊道："这太荒谬了。"虽然我们应该避免对顾客的强烈表现产生过度反应，但是不应该轻视肢体威胁。我不打算深入讨论这一话题，因为这个话题对于非专业人员来说过于严重。为了理解工作场所受到的威胁，我极力推荐加文·德贝克写的《害怕是个好礼物》（*The Gift of Fear*）这本书。

从顾客服务的角度看，我给的建议很简单：对于真正的法律威胁，一旦对方使用肢体威胁，交谈就结束了。作为一名店主，我不再有兴趣做这位顾客的生意。作为一线服务代表，你不再有兴趣继续谈下去，你需要把这件争议交给管理层。为了结束谈话，我会让顾客明白他对我的威胁已经超出界限，而我将结束谈话。根据情况用自己的判断力决定怎样做到这一点，但是在绝大多数情况下，绝不要姑息肢体威胁。

被威胁从来都不是令人愉快的经历。即使是诸如损失客户之类的最轻度的威胁都很难让人接受，因为面对威胁，我们会从本能和情绪层次有所反应，这是人之常情。客观看待小的威胁，用本章讨论过的方法让自己在威胁出现的时候处于有利位置。

75. 顾客在大庭广众之下发飙怎么办

偶尔，一个愤怒的顾客会在服务区内上演个人闹剧，而服务区里到处都是服务团队人员和其他顾客。在我的一家店，我们称之为"大堂崩溃事件"。顾客可能尖叫、大喊或者咒骂。此人可能无比疯狂，以致周围的所有人都停下自己手头正在做的事去看他，或者一边避免与之对视一边听他说话。"大堂崩溃事件"的发生会对附近的顾客有很大影响，你需要在事件结束的第一时间与其他顾客对情况进行确认。

"英雄级别"的服务代表和多数一线服务代表之间有一个区别，体现为怎样对情况进行确认。在第40节，我建议过你不要在顾客面前说其他顾客的坏话。那条准则也适用于顾客在其他围观者在场时发怒的情况。你希望避免对顾客或当时情况有负面反应。不要翻白眼、摇头，或者说类似于"真是一份烂工作"这样的话。这些都是自然反应，但也是错误反应，因为这些话都是关于你和你的感受的。你的工作是关心顾客，而顾客的消费体验刚刚受到影响。你说的话

275

应该表示对当时情况的认同，不应该批评顾客个人。"女士，让您看到这一幕，我向您道歉。我保证这种情况在我们这里并不常见。"如果条件允许的话，你通常可以在结束时抛出一句无伤大雅的玩笑话。"您接下来的消费体验如何？"

其他顾客往往比你感受到更多的冒犯和愤怒。他们对当时的情况颇有微词，希望借此对你表示同情。"真是个混蛋。你应该确保那个家伙以后再也不要来这里。"无一例外，顾客一片好意，想用自己的方式对你尽量表示支持，然而你不能和他们一道开启吐槽之旅。

你的目标在于重新把谈话引导到积极的方向上，同时对其他顾客表示感谢。"我感谢您这么说。有时候会发生这样的事。确保您接下来的消费体验万分愉快，这才是对我最重要的事情。"当一个愤怒的顾客影响到其他顾客的时候，确保把你的焦点放在修复其他顾客的消费体验方面，而不是依靠他们让你自己感觉好些。

Be Your Customer's Hero

第 9 章

了解数字化一线

76. 渠道影响信息

当我们在第 46 节探讨电话情景中的顾客服务的时候，我们注意到由于缺少视觉线索，交流更困难，而有些困难在面对面的沟通中是不存在的。用数字化渠道进行沟通更具挑战性。在数字化沟通中，你无法传递几乎所有面部表情和说话语调透露出来的隐含信息。顾客在电话中或许能听到你在微笑，但是他们通过邮件肯定听不到，即使你在邮件中敲出一个笑脸的表情符号，也不会产生相同的效果。

在顾客服务中，我们和顾客沟通所借助的每个渠道都带有各自独一无二的特色，能够影响甚至改变你表达的意思。在这一章，我想向你介绍通过数字化媒体提供顾客服务时的几个特点。如果对整个面向顾客的电子化沟通系统进行全面的介绍，这会大大偏离核心主题。既然如此，我们将集中讨论一线工作中最有可能影响到你的三个领域：隐私和安全、邮件沟通，以及社交媒体顾客服务。

像前面章节中的一贯主张一样，请铭记于心：媒介的独有特征并不能改变顾客服务的根本准则。即使沟通模式需要适当调整，但是基本原理保持不变。以下几节内容的目的不在于让你成为这些话题的专家，而在于向你展示核心的准则和技巧，让你在数字化客服一线事半功倍。

77. 隐私和安全变成新的导火索

如果非要我列出可能值得被称为第八条服务导火索的潜在主题，列表中肯定包括隐私和安全。这两者都是如今顾客非常在意的方面，因此你尊重顾客的隐私，并让他明白他的信息很安全，这种做法就显得尤为重要。下面你会看到，不是所有隐私或安全方面的争议都源于数字化沟通，然而我在此总结这个主题，主要是因为其中很多争议都和数字化领域有关。

隐私是一个很有挑战性的话题，因为顾客在这一方面略显前后矛盾。一方面，顾客似乎根本就不在乎隐私。为了一点便利以及看起来无关紧要的金钱利益，他们心甘情愿地用自己的长期隐私进行交换。他们把自己的信息泄露给手机应用程序，结果让自己的一举一动都被跟踪；他们把自己的信息泄露给电脑软件，使自己的各种数据都被收集；他们把自己的信息透露给商店，让自己所有的消费记录都被商家掌握。当然，还有很多人把自己整个生活都"粘贴"在社交媒体上，供全世界欣赏。但是，每个顾客心目中都有一条底线,当这一底线被触碰时,他们就意识到自己的隐私应该得到保护。虽然顾客也许不能总是保持对隐私和安全的一致性态度,但是这也不能成为你的借口,降低二者对他们的重要性。富士通有限公司于2010年做过一项研究,这家领先的计算产品制造商发现,88%的人都很担心有人可以未经允许获得他们的信息。[1]

我的零售商店曾出过的一件事情,让我们明白隐私问题真是异常复杂。有一对夫妇总是一起来我们店里接受预订的服务。他们是常客,总在前台开开玩笑,我的很多同事和他们都很熟。有一天,丈夫打电话询问他的妻子是否正在我们店里接受服务,一个同事告诉他,他的妻子在我们店里。这对夫妇已经有好几个月的时间没有一起来接受服务了,这位销售同事没有注意到这个情况。遗憾的是,这是有原因的,而这位同事没有意识到这一点:这对夫妇正在闹离婚。丈夫根据店员提供的信息,随后出现在店里并与妻子当面对质,两人在过道里争吵起来,其他的顾客也目睹了这一切。妻子很不高兴,觉得我们侵犯了她的隐私,即使两个月前她愿意让我们给她丈夫提供同样的信息。我们想办法平息了此事,并确保不会再有泄露隐私的事件发生。但是这件事显示,隐私是多么棘手的问题。

当顾客认为你侵犯了他的隐私或安全的时候,你可以使用这里给出的策略处理那些问题,它们比在第58节里描述过的标准CATER服务流程更高端:

- 确保你了解顾客具体对什么事情不满。

- 强调他的隐私/安全对你和你的公司是多么重要。

- 突出公司现有的用于保护顾客隐私/安全的体系。

- 关注公司现有的用于保护顾客隐私/安全的政策和流程。

- 强调公司的正常流程和无心之过之间的区别。

- 询问顾客怎样做能让他感觉舒服，并继续他的消费体验。

也许要记住的最重要的事情就是：当顾客有隐私或安全方面的顾虑的时候，不管是为了预防发生争议，还是在争议已经发生的情况下，除了回答他们的疑问以外，你还应该给他们信心，让他们信赖你和你的公司。而营造这种信心，你需要向他们展示你对他们顾虑的理解和关心，以及公司现有哪些程序和系统可以对他们继续消费进行保障。除了这样做，没有更好的办法。

参考文献

[1] Fujitsu, *Personal Data in the Cloud: A Global Survey of Consumer Attitudes*, http://www.fujitsu.com/global/Images/FSL-0011_A4_Privacy Report_online_101207.pdf. Accessed September 23, 2014.

78. 写好电子邮件是一门艺术

在所有一线专业人员使用的电子媒介中，电子邮件最常用，远超其他媒介。然而，他们会琢磨其他顾客服务沟通方式，却不肯花费精力和心思研究电子邮件的使用方法，这样的服务代表不在少数。要用好顾客服务类电子邮件，有多种技巧，涉及通常的电子邮件操作中的一些要求，例如有突出的主题，避免使用被垃圾邮件过滤器阻拦的语言，注意附件的大小。这也涉及以顾客为中心的处事态度。当使用电子邮件回应顾客争议或顾虑的时候，一定要做到以下几点：

(1) 使用贴心的顾客服务语言。 我们在第 6 章讨论过的多数适用于当面及电话沟通的技巧，同样适用于电子邮件这种沟通方式。你应该说"请"和"谢谢"，使用关键词，用最有效的说话方式说明顾客争议。

(2) 尽量使用非正式语气。 电子服务一线工作有一个难题：你无法借助表情和语气与处在另一端的人进行交流。如果你使用做作、古板的语言，会使你的沟通看上去不亲切，而且不真诚。另外，你不是给朋友发信息，所以你不应该使用不规范的语法、停顿、大小写或者拼写。我的意思不是说你绝对不应该偶尔加上一个笑脸符号，或者使用一个不成句的片段，而是说你要一直保持职业态度。

（3）把可复制要素结合在一起，获得最高效率和最大效用。如何写好电子邮件是个烦心事。当你用邮件解决困难时，需要格外小心，以免让人错误理解。电子邮件可以让你从容地找到合适的语言和恰当的语气。幸运的是，在顾客服务中我们也经常应对相似的情况，如果你有自己的一套有效语言应付某一种特定场景，那么最好的办法就是把这套语言收藏好，反复使用。这不是让你照本宣科地给出回应，而是让你有备无患，可以把预先设定好的元素结合在一起，营造出专门定制的回应。用来创作贝多芬《第五交响曲》的半音音阶上的 12 个音符与麦莉·赛勒斯的《美国派对》这首歌中使用的 12 个音符相同，你需要记住这一点。结果取决于构成部分，更取决于构成部分的组合方式。

（4）构思邮件之前，对细节了然于心。当你构建邮件中这些可复制元素和其他部分的时候，你需要关注可能有用的细枝末节。你不仅在语言、图形方面需要注意这一点，甚至在签名区也不能大意。

（5）直接进入主题。电子邮件的自动回复有一点用处，但是当你亲自回复一封电子邮件的时候，你可不希望自己的回复被对方误认为是预先设定好的。对于预先设定好的信息，最不好的一点就是，它并没有直接回应顾客的问题。我相信你也收到过某家公司的电子邮件回复，当时你看了以后会想："这倒好，根本答非所问。"如果你忘不了当时你失望的感觉，你就愿意花时间确保你的顾客不会产生同样的感受。

（6）为双方的进一步联系提供选择。在你的电子邮件结尾，要对顾客敞开方便之门。保证负责到底并且提供你的直接联系方式，这两个做法是关键。你很容易觉得自己已经对顾客的问题知无不言、言无不尽，但是你永远都说不准。敞开方便之门，可以帮助你让顾客相信你在专注于解决他们的问题。

（7）记住对方是一个真实的人。珍妮·沃尔特斯是 360 Connext 公司的创始人，她和我一起主持名为"破译顾客密码"的播客节目。她指出我们很容易对一个事实视而不见，那就是这类沟通的对象是一个真实的人。"如果我们忘记我们的沟通对象是真实存在的人，"她说，"我们最终会对他们不够人性化，情况很快就会变糟。"[1]

从很多方面来说，电子邮件是一种与顾客沟通的极佳媒介。电子邮件很私人化，能记录你们之间的对话，还能够发送文件和复杂信息。然而，电子邮件有其局限性。在情况复杂的时候，精心撰写电子邮件非常费时，比当面交谈更容易招来错误解读，一来一去的回复存在时间上的滞后。情况越是复杂和困难，电子邮件这种非即时回复方式的效果就越差。处理一些更棘手的服务时，请尽量使用电话。如果可能的话，用对话澄清争议，用邮件记录处理结果并帮助预防未来的误解。

参考文献

[1] Jeannie Walters, "Blast from the Past—It's a (REALLY, REALLY) Small World," 360Connext, July 19, 2012, http://360connext.com/blast-from-the-past-its-a-really-really-small-world/. Accessed September 23, 2014.

79. 社交顾客这边请

你很可能意识到这是过去十年间最大的变化之一：作为一线服务代表，你也许会通过社交媒体和顾客联络。在大型公司，社交媒体往往被分派给专门的团队或公司外机构负责，即使在这种情况下，顾客服务部门介入的时间也不足20%。[1]在小型公司，所有人手都在店面工作，服务代表兼做库存检查员、卫生间保洁员以及游击队式的营销专员，一线服务代表可能最后也得兼管公司社交媒体方面的事情。对于那些从事这个职位的人来说，这一节将引导大家了解与顾客服务相关的社交媒体方面的基本知识。而那些不担任这个职位的人可能也希望了解一些这方面的内容。随着如今顾客服务类社交媒体的增长，社交媒体和一线服务岗位的日常工作越来越息息相关。

尽管社交媒体在目前已经十分普遍，但是运用社交媒体进行顾客服务的趋势仍在持续增长，重要性越发明显。社交型顾客服务的存在已经有一些年头，而我们也见证了越来越多的服务沟通转移到脸书和推特等社交平台。这种趋势在行业报告中有明显的反映。一个公布于 2014 年来自欧洲的分析发现，只有 38％的公司把社交媒体加入它们的沟通策略中，但是这个数据在 2016 年达到了 63％。[2] 顾客在哪里，公司就去哪里，而现在的顾客越来越多地走向社交媒体。据我所见，没有任何迹象表明，利用社交媒体进行顾客服务的趋势在近期会减缓下来。

对顾客服务而言，社交媒体事关重要，顾客在社交媒体上的一言一行都需要密切关注。社交媒体改变了很多顾客与公司的交流方式，赋予每一个顾客更大的发言权。有一些人会亢奋地说，每个人的发声都饱含力量，但是这并不代表顾客在网上发出的言论不重要。每一条网上评论都有其影响力。当你通过社交媒体为顾客提供服务的时候，应该记住一件事：负面评论的影响力更甚。一项研究发现，单单一条负面经历的描述，一旦被发布在公共场合，就可以抵消五条正面评论。[3] 无论这种网上交流方式的影响是正面、中立的，还是负面的，对大大小小的公司来说，在社交媒体互动中保持高水平的顾客服务沟通都很重要。

为了达到我们讨论的目的，我使用"社交媒体"这一说法，不仅包括诸如推特、脸书和谷歌＋这些广为人知的渠道，而且还包括人们用来和公司或彼此进行网上交流的所有渠道，也就是说像谷歌评论、Yelp 点评网站和猫途鹰旅游网之类的网站。虽然每一种渠道都有细微差别，大家应对顾客服务的方式也各有不同，但是我在此提出一些放之四海而皆准的基本原则，供你在通过各种渠道与顾客进行沟通的时候使用。

● **在社交媒体上监控自己的品牌。** 除了监控自己的沟通渠道以外，使用第三方服务监控其他网上论坛里的言论。谷歌快讯就是一个选择，但是沟通专家吉尼·迪特里希推荐 Talkwalker 快讯，并称其为"更高效"之选。[4] Talkwalker 似乎捕捉到了谷歌快讯所没有捕捉到的东西。

● **不要恐慌。** 在社交媒体上看到负面言论出现，让人很难接受。做个深呼吸，然后记住人们读了这篇评论后更想看你怎样回复。当有人说你的公司很没礼貌而且不够专业时，你恰恰需要用你回复的口吻和特色给其他人留下完全不同的印象。

● **遵循 CATER 流程**（见第 58 节）。对于负面评论，遵循标准的投诉处理流程。注意保持简洁，抓住要点。

● **准备现成的话。** 和使用邮件一样，你希望有提前设定的、可重复使用的素材随时备用。社交媒体的区别在于所有人都可以看到你的回复，所以如果你和每个人都说同样的话，那么不论你的语言多么有效，你仍然会给别人留下反复说套话的印象。关键在于有很多提前炮制的用语供你使用，而且你可以混合使用。空间的限制使我们在推特上用这一招有点困难，所以提前好好琢磨一下尤其重要。

● **把回复进行到底**。不管是正面评价还是负面评价，回复都很重要。这不是说你必须每一条评论都回复。有一些情况下，你可能不用回复，但是通常来说，如果有的人花时间点评，你就应该回复。

● **迅速回复**。社交媒体是即时性的，顾客求助于社交渠道，往往是因为他们觉得这样做可以得到更快的回复，或者至少是可以得到一个回复。由爱迪生研究会为社交习惯网站做的一项研究表明：42%的顾客希望在60分钟内在社交媒体上得到回应。[5]要为这样的期望值做好准备，唯一的办法只能是做好预设的回复并确保积极监控渠道。

● **永远、永远不要带着怒气回复，或使用讽刺性的语言**。在这方面，社交媒体与其他顾客服务渠道并无分别，唯一的区别在于，如果你失去理智或沟通有失专业，你说的话摆在那里，全世界的人都能看到。

● **带到线下**。虽然在快速解决服务问题和给顾客指出正确方向这些方面，社交媒体作用很大，但是如果要应对的是困难或复杂的顾客服务争议，社交媒体就成了糟糕的手段。社交媒体是一种简易形式，顾客感觉不到服务人员的存在，而且还是种公开模式。在第 20 节中，我们了解到顾客万分痛恨自己被转交给他人，所以要尽可能通过顾客联系你时使用的渠道来努力解决顾客的争议。对于更复杂的情况，尽快竭尽全力把争议带到线下来处理。手头备有预设话语，就能帮助你把双方的交谈转移到更有建设性的其他沟通方式上。

以上所列举内容仅是皮毛，但是这些内容应该为你提供一些可以遵循的合理原则，让你可以更有效地处理社交媒体上的顾客服务事宜。你只需要记住：这个话题需要更大的篇幅才能得到透彻的分析，并非用一节就能说清楚。

参考文献

[1] Jeremy Taylor, "15 Social Customer Service Statistics," May 28, 2013, Sentiment, http://www.sentimentmetrics.com/blog/2013/05/28/15-social-customer-service-statistics/. Accessed September 23, 2014.

[2] Sam Heggie-Collins, *Social Media to Significantly Increase in Contact Centre Strategies,* September 2014, http://www.contactcentre news.co.uk/2014/09/02/social-media-to-significantly-increase-in-contact-centre-strategies/. Accessed October 27, 2014.

[3] NM Incite, *State of Social Customer Service 2012,* http://soulofbrands. files.wordpress.com/2012/11/nm-incite-report-the-state-of-social-customer-service-2012.pdf. Accessed September 23, 2014.

[4] Gini Dietrich, *Spin Sucks: Communication and Reputation Management in the Digital Age* (Que Publishing, 2014), Kindle ed., ch. 9, sec.: "Create a Strategy," loc. 2691.

[5] Jay Baer, "Are Consumer Expectations for Social Customer Service Realistic?," Social Habit, http://sociahabit.com/uncategorized/customer-service-expectations/. Accessed September 23, 2014.

Be Your Customer's Hero

———————

第 10 章

做顾客的英雄

80. 真正造就"英雄级别"顾客服务到底什么样

到目前为止，我们已经一起讨论了这么多，我希望你学到很多方法，可以帮助你胜任面向顾客的工作角色。在最后这一部分，我将把所有细节综合起来，研究一下到底需要怎样做才能成为顾客的英雄。

这一节提出的问题很简单：到底什么才能真正造就"英雄级别"的顾客体验？如你所料，这问题回答起来非常复杂。对于那些从事顾客体验的战略制定工作的人来说，维持顾客的忠诚度是个古老的话题。围绕如何提升和维护顾客忠诚度，人们在网站上讨论，用很多具体的研究方法论讨论，用整本整本的书讨论，或者解释在哪些环境中用哪些理论管用。如果你跟不上这些讨论的节奏，那么你可能都不知道他们在争论什么。毕竟，顾客服务相当简单，不是吗？

事实上，以顾客为中心的准则复杂得令人不可思议。这里仅列出顾客体验和顾客服务方面的几个热点问题：

- 要造就顾客忠诚度、提供不可思议的顾客体验，到底什么更重要?

● 和没有出现服务争议的情形相比,如果可以成功地用一种积极方式解决顾客服务争议,顾客的忠诚度会提高吗?

● 未来的顾客忠诚度单一的、最好的指标是什么?是顾客自己表示很满意,还是顾客主动把你的公司推荐给他的朋友?

即使是聪明绝顶的人对上述问题也会有不同意见。

虽然我并不打算在本书中探讨这些理论,甚至也不打算为我赞同的那些理论分辩,但是我还是要提到大家意见各异这一点,这样你就会明白我在全书中呈现给大家的"英雄级别"顾客服务的理论,你也会明白我将在这一章集中讨论的内容绝对不是顾客服务的真理,它们仅仅建立在我现有的研究和我个人经验的基础上。借用美国海军陆战队的《步枪兵信条》里的话:这是我的理论。有很多理论和它很像,但这个理论是我自己的。

人们很容易受到与顾客服务相关的高大上言论的引导——这里也包括我的理论。"惊喜""喜悦""英雄级别"这类字眼往往和"用力过度"式的服务行为挂钩。然而,大多数能做到给顾客带来"惊喜""喜悦""英雄级别"服务的人员,都是基于在真实世界中的实践和理性思考做到的。如果说有人成功地把惊喜感和喜悦感分别打造成其服务信条的核心内容,除了我的同事谢普·海肯和史蒂夫·

柯廷，我想不到其他更好的例子了。

在谢普·海肯写的新书《惊异感的革命》（*The Amazement Rev-olution*）中，他说："惊喜就是持续性的，而且可预料的超越平庸的服务。惊喜不一定是'哇！'式反应，虽然有的时候可能是这个样子。惊喜是一种'一如既往'式的、'我知道我指望得上'式的、'超越平庸'式的体验。"[1] 史蒂夫在他的《让顾客高兴》（*Delight Your Customers*）一书中写下了类似的话："这本书讲的不是如何通过超越他们的期望值和需求，从而给顾客'哇！'一样的体验——这种做法不是可持续的……在日常的服务中，多数顾客只是希望得到认可和理解。"[2]

我非常同意这些言论。在我看来，顾客忠诚度不需要精心设计的理念，也不需要复杂的想法。你只需要三个要素，就能营造"英雄级别"的顾客体验，保持顾客的忠诚度：

（1）满足顾客期望，并且在可能的情况下尽量超越顾客期望。

（2）提供不麻烦、无阻力的服务体验。

（3）始终如一做到以上两点。

满足或超越期望值是所有良好顾客体验的基线。如果你达不到顾客期望值的那条标记线，那么这次服务经历就谈不上难忘或正面。

从一开始，你就必须尽自己所能了解顾客的期望——如果可能的话进行个人层面上的了解，如果不可能就进行笼统的了解。超越期望并不是营造"用力过度"式的顾客体验。你可以通过提前一天把货物送到或为顾客把某件东西装上车的方式超越对方的期望值；你可以通过对顾客高度关注和有效沟通的方式超越对方的期望；你可以通过跟进顾客并积极确认情况的方式超越对方的期望。你不需要为每一位顾客提供过分慷慨的额外之物或产生病毒式传播效果的良好口碑的服务体验，你只需要在做你的工作的时候面带微笑，尽量做好，在可能的情况下尽量确保提供给顾客的服务略多于他们所期待获得的。

你也希望营造不麻烦、无阻力的服务体验。我在第18节里讲过"顾客费力"这一概念，我也讲过做好生意是一件多么重要的事。顾客只是希望他们与你和你的公司之间的交流尽量简单。"英雄级别"的服务代表总是寻求各种方法，使顾客的整个"旅程"顺利而不麻烦。不管是去除官僚化管理，还是提前为顾客准备表格，抑或是有先见之明地解决争议，只要你能让顾客的体验尽量轻松，你的公司就会在竞争中脱颖而出，而你就会在服务区的同事中卓尔不群。

最后，我相信"始终如一才是最大的'哇'"。[3]"始终如一"不仅营造一种可靠感，而且营造一种信任感。研究发现，在经济关系中，有三个因素对营造信任至关重要——沟通的频率、受信任者的能力、受信任者的表现始终如一。另外，"受信任者行为的一致性是引起信任最重要的因素"。[4] 如果你想知道是什么营造信任，那就是可靠度。在顾客服务中，当你应该出现的时候，你就在顾客左右，为顾客提供他需要的一切，顾客对你的信任恰恰源于你始终如一的服务态度。

提供"英雄级别"的顾客服务始于根本原则，也终于根本原则。不要让自己分心。总是会出现关于"用力过度"的顾客服务的故事；总会有一个作家或演说家（包括我自己）告诉你丽思卡尔顿酒店或 Zappos. com 网络鞋店的种种做法。让这些故事启发你，但是不要让它们打消你的勇气。用你不麻烦的服务体验始终如一地满足或超越顾客的期望，这样的话，你每一次都会成为顾客的英雄。

参考文献

[1] Shep Hyken, *The Amazement Revolution* (Greenleaf Book Group, 1st ed., 2011), Kindle edition, 2.

[2] Steve Curtin, *Delight Your Customers: 7 Simple Ways to Raise Your Customer Service from Ordinary to Extraordinary* (AMACOM, 2013), Kindle edition, 4.

[3] Adam Toporek, *7 Secret Customer Service Techniques … Every Expert Knows* (CTS Service Solutions, 2014), ebook, 2nd ed., 6.

[4] Paul Dunn, "The Importance of Consistency in Establishing Cognitive-Based Trust: A Laboratory Experiment," *Teaching Business Ethics* 4, no. 3 (August 2000), http://link.springer.com/article/10.1023% 2FA%3A1009870417073. Accessed September 23, 2014.

81. 具备英雄的心态

本书开头说过，优质的服务存在于你的头脑中，现在我们绕了一整圈回到原地，因为实施这些建议和技巧的最重要的一件事就是具备英雄的心态。拥有"英雄级别"的心态，意味着你有为顾客服务以及让顾客高兴的愿望，而且你愿意不计一切代价实现这些愿望。当然，你有这种愿望，如果你没有这样的愿望，你就不会静下心来读完本节之前的 80 节。但是值得一提的是，如果服务代表不是真心实意地为顾客服务，那么即使他使用这些方法，这些方法产生的效果也有限。让服务代表成为"英雄级别"的不是别的，而是技能、判断和态度的综合体。

具备"英雄级别"的心态也涉及正确看待失败的能力。当你开始把这些技巧和方法结合到你的顾客服务中，你偶尔会经历失败，要么是方法本身不起作用，要么是你操作方法不当。关键在于当这种情况发生的时候，不要让自己手足无措，不要让自己对方法失去信心。

一种在 99% 的情况下都管用的方法偏偏不管用，总有这样的情况发生。比如说你决定使用你的权威，这是你在第 65 节里学到的。你走到顾客身边，热情地伸出你的手，介绍说自己是值班主管。顾客的回答中却透着挖苦讽刺的语气："所以，你觉得我应该对你另眼相看吗?"这很伤人，很尖酸刻薄，这种感觉你不想再感受一次。然而，你不能让它成为你未来使用这个方法时犹豫的理由。正如我们在第 14 节中讨论过的，教会我们不要用手触碰热炉灶的生理机制，也会使我们做出错误的判断。不要让一个方法的失误左右你对其有效性的认识。如果使用的时间得当，使用的方法得当，这些方法就会有效，而且会非常有效。

有时候，问题不在于方法而在于落实。偶尔，你可能把事情搞砸，这没关系。记住，这里很多的内容都不是人的自然行为，而是你必须学会的技能，就好像弹奏吉他或者给计算机装程序一样。你练习得越多，水平就越高。你不是每次握紧球棒都能把球击到球场外面，所以不要让自己慌乱。

最后，我希望你记住一点：顾客服务麻烦频出，有时候毫无回报。正如我们在介绍中讨论过的，不论你提供多么优质的顾客体验，都无法阻止顾客对此感到失望。如果你经常使用这些诀窍和方法，而且具备英雄式的心态，你就能避免大量的问题。如果你发现了这一点，恭喜你，你就找到了这本书的"秘制酱料"。你也可以确保小争议绝对不会升级成为大纠纷。如果你始终如一地把在本书中学到的诀窍和方法用到实处，你会发现一个简单的事实：做顾客的英雄能带给你惊人回报。

82. 做顾客的英雄

为什么你应该成为顾客的英雄呢？要点究竟何在？我们已经简要地谈及如何通过提供"英雄级别"的顾客服务，让你更有成就感，但是我觉得我们并没有公正地评判这个概念。在此书结尾处应该列出什么样的总结性信息？在我考虑这个问题的时候，我反复想到的只有一件事：

> 提供超常顾客体验的感觉很好，做顾客的英雄的感觉无与伦比。

成为顾客的英雄，意味着你让他的一天过得轻松了一些，你让他的脸上绽放笑容；成为顾客的英雄，意味着你解决了他的问题，并减轻了他的压力；成为顾客的英雄，意味着你降低了他的焦虑感，并使他感觉自己得到他人的理解。简单地说，成为顾客的英雄，意味着你对顾客的生活产生了正面的、不可小觑的影响。

当你为顾客做这些事情的时候，你会有所收获。你会有更小的压力和更多的乐趣，你需要处理的问题变少，而你解决掉的问题变多。你会感觉更自信，得到更多认同。当你成为顾客的英雄的时候，这对顾客来说是一次美好体验，对你来说也未尝不是如此。让别人的一天精彩纷呈，这种感觉真是太好了。

提供"英雄级别"的顾客服务不是件容易的事。这需要付出努力，需要有先见之明，需要不断实践，但是回报绝对物有所值。我只希望，当有一天我走进你的服务区的时候，你能使用本书教给你的诀窍和方法，做我的英雄。

学以致用

　　本书涵盖大量与顾客服务有关的概念和方法。要消化吸收的内容很多，一旦读到书的结尾处，读者们会毫无例外地问这个问题："我从哪里开始呢?"为了回答这个问题，我想给你一些快速掌握的窍门，帮你学以致用。

　　首先，关注基本原理，尤其是第 4 节到第 6 节的那些基本原理。我们在那几节中涉及的大量根本性原理适用于各种类型的服务情况。如果你对这些技巧了然于胸，就能游刃有余地应对各种顾客服务情况。

　　其次，不要试图一口吃个胖子。选择和你最有共鸣的那些内容，然后使用 80/20 定律，运用这些内容。在这种情况下，80/20 定律意味着你 80％的实践结果将依赖于你掌握的 20％的技巧。找到你认为会在你的工作环境中成功的为数不多的几个至关重要的技巧，然后专心地使用这些技巧。

　　最后，为了感谢你们阅读本书，也为了感谢你们让我成为你们职业旅程的一部分，我做了一个免费的 PDF 手册来帮助你完成未来学以致用的过程。在这本手册中，你能顺利找到在服务区工作时对你最有价值的那些技巧。想要下载这个 PDF 手册，你只需要输入网址 customersthatstick. com/free-hero-workbook/，并在密码栏中输入"hero2015"。当你下载完免费手册后，你会收到我们的免费电子企业期刊《与顾客对话》，它将为你提供许多免费资源，帮助你在面对顾客的工作中不断进步成长。

衷心为您服务的，

亚当·托波雷克

图书在版编目（CIP）数据

魔力服务：创造非凡顾客体验的82个技巧/（美）亚当·托波雷克
（Adam Toporek）著；刘蕾译.—北京：中国人民大学出版社，2017.10
书名原文：Be Your Customer's Hero：Real-World Tips & Techniques
for the Service Front Lines
ISBN 978-7-300-24944-5

Ⅰ.①魔… Ⅱ.①亚… ②刘… Ⅲ.①企业管理-销售管理-商业服务
Ⅳ.①F274

中国版本图书馆 CIP 数据核字（2017）第 217176 号

魔力服务：创造非凡顾客体验的 82 个技巧
〔美〕亚当·托波雷克　著
刘蕾　译
Moli Fuwu

出版发行	中国人民大学出版社			
社　　址	北京中关村大街 31 号		**邮政编码**	100080
电　　话	010 - 62511242（总编室）		010 - 62511770（质管部）	
	010 - 82501766（邮购部）		010 - 62514148（门市部）	
	010 - 62515195（发行公司）		010 - 62515275（盗版举报）	
网　　址	http://www.crup.com.cn			
	http://www.ttrnet.com(人大教研网)			
经　　销	新华书店			
印　　刷	涿州市星河印刷有限公司			
规　　格	145 mm×210 mm　32 开本	**版　　次**	2017 年 10 月第 1 版	
印　　张	10.25 插页 2	**印　　次**	2017 年 10 月第 1 次印刷	
字　　数	175 000	**定　　价**	48.00 元